KB033333

조선셰프 서유구의

식초 음식 이야기

임원경제지
전통음식 복원 및 현대화 시리즈

조선셰프 서유구의

식초 음식 이야기

자연경실

〈정조지〉 권6 미료지류(味料之類) 식초 편을 복원하였다. 그 결과물로 많은 식초가 만들어졌다. 식초를 만드는 재료나 방법의 다양함에 맞춰 〈정조지〉에는 식초를 사용한 음식들이 다양하게 소개되고 있다. 고기나 채소를 절이거나 볶을 때, 국물이 있는 면, 음식의 국물, 꽃나물 등 〈정조지〉 속 음식에는 식초가 골고루 사용되고 있어, 〈정조지〉에는 식초를 만들고 만든 식초로 음식을 만들어서 식탁에 올리기까지의 모든 과정이 담겨 있다고 할 수 있다.

음식의 맛을 돋우고 오래 먹을 수 있게 하는 식초는 없어서는 안 되는 중요한 양념이었다. 지금은 식초가 조미료로서의 의미가 약해지고 건강식품으로 그 가치가 더 커지고 있다. 물론, 선인들도 식초가 가진 여러 효능에 주목하여 식초를 치료나 예방 식품으로 먹기도 하였지만, 현대인처럼 식초가 건강에 좋다고 하니까, 남도 먹고 있으니까, 안 먹으면 불안하고 유행에 뒤처지는 것 같아서 물에 희석하여 탕약을 먹듯 무거운 마음으로 식초를 먹지는 않았다. 음식의 맛과 풍미를 올려 주는 조미료인 식초를 압박 속에서 탕약 마시듯 먹지 않아도 다양한 식초 음식으로 식초의 혜택을 충분히 누릴 수 있었다.

우리 입맛에 기억된 신맛 음식의 복귀를 꿈꾸며, 신맛과 음식, 김치로 기억된 신맛

《조선셰프 서유구의 식초 이야기》를 탈고한 뒤, 물에 희석한 흑초를 인상을 쓰고 마시고 있는 아들에게 음식에 식초를 넣어서 먹는 것이 식탁도 풍성해지고 건강에도 더 좋을 것 같다고 하였다. 식탁 한쪽에는 편리함과 효율성을 강조하다 보니 약이 되어 버린 아들이 먹다 남긴 식초 캡슐 병이 나뒹굴고 있다. 〈정조지〉 속 식초 복원의 최종 목적은 '식초를 활용한 다양한 음식을 먹는 것'이라는 결론을 내린 나조차도 아들에게 추천해 줄 만한 쌈박한 식초 음식이 떠오르지 않는다. 현재 우리의 대표 식초 음식이 다양하지 못하다는 문제도 있지만, 식초를 비롯한 산에 대한 이해와 음식에 활용하는 조리 기술 부족도 원인이다. 결론적으로 우리는 식초를 활용하여 음식 맛의 균형을 잡고 풍미를 올리는 일에 서툴다.

신맛은 폭발하는 듯한 느낌과 상큼함으로 젊은 세대의 입맛에 더 맞을 것 같지만 의외로 연령대가 높을수록 더 선호한다는 것을 제한된 경험이지만 발견하였다. 냉장고가 상용화되기 이전 세대들은 온몸을 강타할 정도로 강렬한 신맛의 기억을 가지고 있다. 우리 몸에 저장된 신맛의 기억은 '신지'라고 불리는 '신김치'에서 비롯되었다. 유산균에 의해 배추가 발효되는 과정에서 생긴 유기산과 젖산의 산미가 점점 강해지면서 김치가 시어져 신김치가 된다.

냉장고가 없던 시절, 밥을 먹기 위해서 꼭 있어야 하는 김치는 신김치로 먹는 기간이 더 많았다. '신김치' 한 가닥의 강렬한 신맛은 레몬을 먹을 때처럼 눈이 찡그려지고 몸이 절로 움츠러든다. 여름에는 김치가 시는 것을 막기 위해서 찬물에 담그거나 우물에 두레박처럼 담그기도 하였지만 얼마간 김치가 시는 것을 지연시킬 뿐이었다. 겨울에 날씨가 춥지 않으면 애써 담근 김치가 시어가는 것을 걱정하는 어머니들의 한숨 소리가 담 밖을 넘었다. 신김치는 그냥 먹기도 하였지만 잘게 썰어서 김칫국을 끓이고 신 김칫국물로는 고추장과 섞어서 비빔국수를 만들어 먹었다. 시어 버린 동치미 국물로는 식초나 설탕을 더해서 냉면이나 냉국수를 말아 먹었다. 선인들은 신김치를 다른 음식에 적절하게 가미하면서 신맛으로 음식 맛의 조화와 균형을 이루는 훈련을 하였다. 시어서 고부라진 '신김치'로 신맛에 익숙해졌고 음식의 부패를 방지하기 위하여 식초를 음식에 많이 사용한 것도 신맛을 조율하는 능력을 향상시켰다. 이와 더불어 강한 신맛을 가진 매실을 활용하여 다양한 음식을 만들어 먹은 것도 신맛이 일상의 맛으로 자리잡은 원인이었다. 따라서 〈정조지〉 속에 조미료로서의 매력이 한껏 담긴, 신맛을 음미할 수 있는 다양한 식초 음식이 존재하는 것은 지극히 당연하다.

우리 입맛을 훔치는 다른 나라의 신맛 음식

햄버거 속에 든 한 조각의 토마토와 빨간 토마토케첩은 빵, 고기, 양상추와는 다른 질감으로 먹는 재미를 주고 영양을 강화하는 의도도 있지만, 신맛을 가진 두 재료의 또 다른 의미는 각기 다른 맛을 가진 햄버거 속 재료들의 맛을 조화시키는 데 있다. 토마토가 빠진 햄버거 즉, 신맛이 빠진 햄버거를 먹어보면 신맛이 얼마나 음식을 빛나게 하는지 느끼게 된다. 따라서 어떤 음식을 만들 때 토마토를 대체하고 싶다면 신맛을 가진 과일과 채소를 넣어 신맛이 빠지지 않도록 하면 된다.

신맛, 짠맛, 단맛, 쓴맛, 매운맛이 조화를 이룬 음식은 오래 먹어도 질리지 않을 뿐만 아니라 자꾸 먹고 싶게 하는 중독성을 갖게 한다. 외국의 대표 음식으로 전 세계인의 입맛을 사로잡는 초밥과 파스타, 카레, 세비체, 베트남 쌀국수 등에는 양의 차이는 있지만, 신맛이 다른 맛과의 조화를 잘 이룬 음식이라는 공통점이 있다. 초밥에는 쌀 식초의 부드러운 신맛이, 파스타에는 올리브와 토마토의 상큼한 신맛이, 베트남 쌀국수와 카레에는 피쉬 소스, 라임의 산뜻한 신맛이, 세비체에는 광귤의 쌉쌀한 신맛이 담겨 있다. 중동 요리의 주재료인 석류, 요구르트, 장미도 신맛이며 멕시코 전통음식이자 전 세계인의 음식이라고 할 수 있는 살사, 과카몰리, 토르티야의 대표 맛도 신맛이다.

한식을 먹고 크지 않은 외국인들에게 또 먹고 싶게 하고 자꾸만 먹고 싶게 하는 한 그릇의 멋진 음식이 되기 위해서는 맛이 무거워서는 안 된다. 먹는 과정에서는 다양한 맛을 느끼지만, 최종적으로 입안은 상큼하고 기억은 청량해야 한다. 가끔 베트남이나 태국 음식을 그리워하면서 입안에 침이 고이곤 하는 나 자신에게 깜짝 놀라곤 한다. 어른이 되어서 먹었던 음식 중 나의 미각을 끌어당기는 음식의 공통점은 신맛이 적절하게 들어간 음식들이다.

한식의 세계화를 위해 비빔밥과 불고기, 매운탕, 전골, 육개장에 식초 한 수저를 넣는다면 비빔밥은 상큼하고, 불고기는 간장 맛이 덜 느껴지므로 산뜻한 맛이, 전골 국물은 감칠맛이 더욱 활기가 있고 육개장은 시원하면서 생기가 있을 것이다. 약간의 식초는 음식의 맛뿐만 아니라 우리 한식의 제한적인 맛의 한계를 극복해 줄 것이다.

우리 한식이 한류의 물결에 힘입어 세계에 널리 알려질 절호의 기회가 있었지만 아쉽게도 그 흐름에 동참하지는 못했다. 물론, 전통 한식 연구자에 의해서 고유의 맛이 지켜지고 이를 바탕으로 젊은 요리사들이 한식을 현대적인 감각으로 재해석하는 등 다양한 시도가 이루어지고 있지만, 대중화하기에는 가격과 효율 면에서 한계가 있다. 대중들이 즐기는 한식은 지나치게 맵고, 짜고, 단맛이 강하고 자극적이다. 신맛도 강한 신맛만을 강조하기에 신 음식이라고 하면 대부분 날카롭고 쨍한 맛을 떠올린다. 신맛은 다른 맛과의 은은한 어울림으로 음식의 맛을 세련되고 섬세하게 바꾸어 주는 능력을 가지고 있지만 제대로 한식에 적용하지는 못하고 있다.

물론, 세계화에 성공한 멕시코 음식이나 태국 음식도 맵고 자극적인 음식이 많지만, 신맛과의 조화로 단순한 매운맛이 아닌 생기발랄한 매운맛, 자꾸 먹고 싶어지는 매운맛으로 기억되는 것이 한식의 매운맛과 차별화가 된다.

한식의 미래와 식초 음식

〈정조지〉 속의 음식을 만들다 보면 지금보다 더 현대적이고 세계적인 음식이 많다는 것에 놀라곤 한다. 〈정조지〉 속의 식초가 가진 조미료서의 능력을 잘 드러낸 음식들은 한식을 재해석하고 이를 바탕으로 한식을 세계화하는 데 큰 동력이 될 것이다. 식초를 장아찌나 냉국, 몇 가지 무침 음식을 만들 때만 쓰는 것은 식초가 가진 능력의 일부만을 활용하는 것이다. 식초가 가진 짠맛, 단맛, 지방의 느끼한 맛, 쓴맛을 조화시키는 섬세한 능력을 한식에 다양한 방법으로 접목을 시도하는 것이 한식을 혁신하는 길이라고 생각한다. 식초는 가진 능력에 비해 가격이 저렴하기 때문에 가계에 부담이 되거나 음식의 단가를 높이지 않는다는 것도 식초가 가진 또 다른 미덕이다.

한식의 도약은 거창한 메뉴를 개발하고 극도의 고급스러운 음식을 외국인에게 먹이는 것이 아니다. 일제 강점기부터 변질되고 한국전쟁과 급격한 산업화를 거치면서 사라진 우리가 먹었던 우리의 식문화를 찾아내는 것이다. 이런 노력은 궁중 음식을 중심으로 활발하였고 많은 성과를 냈지만, 사람들은 '임금님이 먹던 음식'이라고 하면 나하고 관련이 없는 음식으로 거리감을 둔다.

현대의 한식과 비교한 〈정조지〉 조리법의 특색을 꼽는다면 그 첫째가 식초가 많이 사용되었다는 것이다. 물론 〈정조지〉에는 우리가 먹었던 음식과 우리 음식에 영향을 미친 주변국의 음식이 담겨 있어 현재 우리가 즐겨 먹고 있는 한식의 원형과 한식의 변천 과정을 알 수 있게 된다. 따라서 〈정조지〉 속의 식초 음식에는 지금 먹는 식초 음식과 같거나 유사한 식초 음식도 있지만, 지금은 식초를 넣지 않는데 예전에는 식초가 들어갔던 전통음식과 더불어 우리나라의 식초 음식에 영향을 준 중국이나 일본의 식초 음식이 담겨 있다.

《조선셰프 서유구의 식초 음식 이야기》는 사라진 우리의 식초 음식을 찾고 이를 토대로 한식의 맛을 향상시키며 새로운 식초 음식을 개발하는 데 자극이 되리라 생각한다. 《조선셰프 서유구의 식초 음식 이야기》는 〈정조지〉 속의 식초 음식과 《규합총서》, 《음식디미방》 등에 실린 전통적으로 먹던 우리의 식초 음식과 식초에 절인 음식부터 한두 방울 식초를 사용한 음식까지 식초 음식 71종을 실었다.

식초가 건강에 좋은 음식이므로 희석해서 마시는 것도 좋지만 가장 바람직한 것은 삼시 세끼 음식을 통해서 섭취하는 방법이다. 전통적으로 식초 음식은 맛 보다는 변질을 방지하는 데 중심을 두었기 때문에 신맛이 강하다. 다음에 소개하는 식초 음식들은 식초가 적절하게 사용된 음식 즉, 식초가 다른 식재료와 조화를 이루면서 식초 맛이 지나치게 드러나지 않는 음식이다. 식사에 식초가 들어간 소스나 드레싱을 곁들이면 입맛을 돋우는 역할을 한다. 특히 매운맛과 신맛은 식욕을 불러일으킨다. 잃어버린 신맛을 찾기 위한 노력은 우리에게 알려지지 않았거나 새로운 식초 음식을 개발하는 것에서 비롯되어야 한다. 우리가 식초 음식을 멀리하는 것도 식초를 활용한 음식의 가짓수가 적은 요인도 있다. 식초를 더한 음식을 많이 개발하였으면 하는 바람에서 우리의 전통음식 중 식초를 활용한 음식과 다른 나라의 다양한 식초 음식을 소개한다. 이 식초 음식들이 새로운 식초 음식을 만드는 데 자극을 주었으면 하는 마음이다. 건강에 좋다는 값비싼 건강 음식을 찾기보다는 식초를 넣은 음식을 식탁에 자주 올리고 자주 먹을 것을 권장한다.

목차

제1장

〈정조지〉 속의 식초 음식

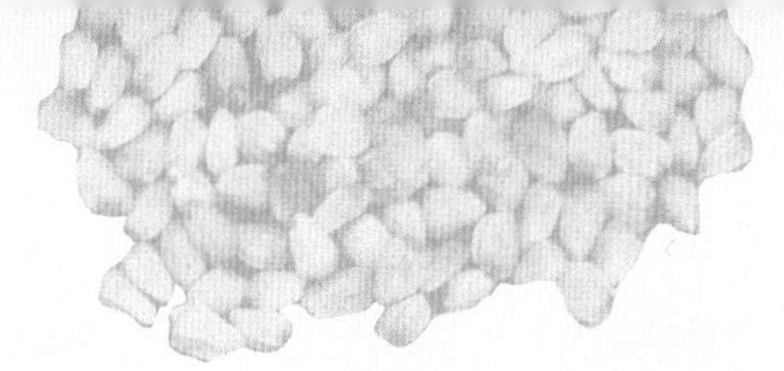

제 2 장

고조리서 속 다양한 식초 음식

제 3 장

이어져 내려오는 식초 음식

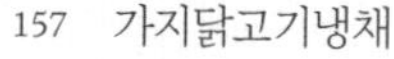

〈정조지〉에는 '식감촬요(食鑑撮要)'를 비롯한 11개의 음식 항목에 조미료로서의 식초의 가치와 식초가 사용된 다양한 식초 음식이 소개되고 있어 《조선셰프 서유구의 식초 음식 이야기》의 시작으로 한다. 체계적으로 분류된 〈정조지〉 속의 약 22가지의 식초 음식은 선인들이 식초로 어떤 음식을 만들었는지 효율적으로 살펴볼 수 있다.
서유구 선생은 임원에서 먹기에 적합한 번거롭지 않은 소박한 음식을 〈정조지〉에 수록한다고 하였으므로 조리법은 단순하지만 식재료의 맛을 잘 살린 간결한 맛의 식초 음식이 우리 선인들이 일상에서 즐겨 먹던 음식이라는 것을 알게 된다. 선생은 식초가 들어간 음식을 '맛이 빼어나다' 라든가 '선가의 맛이다' 등으로 식초 음식의 맛을 표현하여 식초 음식이 몸과 마음을 맑게 하는 음식임을 암시한다. 〈정조지〉 속의 식초 음식은 식초가 조미료일 뿐 아니라 식재료를 말리거나 담그는 등의 중간 조리 과정이나 보관 과정에서 발생하는 변질을 방지하며 다양한 향신료와 조합하여 음식의 향미를 증강시키는 뚜렷한 목적성을 가지고 쓰인다는 것을 알게 되었다. 이 장에 소개된 〈정조지〉 속의 식초 음식이 사라진 식초 음식에 대한 관심을 불러일으키는 계기가 되었으면 한다.

제1장

〈정조지〉 속의 식초 음식

영롱발어방(玲瓏撥魚方)

《임원경제지(林園經濟志)》〈정조지(鼎俎志)〉 권2 구면지류(糗麪之類)

〈정조지〉 권2 구면지류(糗麪之類) 면(麪) 편에 나오는 영롱발어(玲瓏撥魚)는 반죽은 소고기, 국물은 식초와 산초로 맛을 부린 수제비다. 밀가루에 콩 크기로 썬 소고기를 넣고 반죽한 다음 먹기 좋은 크기로 떼어서 끓는 물에 넣으면 물고기들이 뒤섞여서 헤엄치는 모습과 같다고 해서 '발어'라고 하며 반죽이 익으면 고기가 면에서 탈락하여 타피오카 펄(Tapioca pearl)처럼 가라앉는데 그 모습이 아름답다 하여 '영롱발어'라고 부른다. 영롱발어는 수제비의 한 종류로 《조선무쌍신식요리제법(朝鮮無雙新式料理製法)》에서는 수제비가 물 위에 둥둥 뜬 모양이 마치 하늘에 구름이 떠 있는 듯하다 하여 운두병(雲頭餠)이라는 한 폭의 수채화 같은 이름으로 부르기도 하였다. 이로 미루어 볼 때 영롱발어는 반죽을 수저 등으로 두툼하게 떼어 넣어 물고기 모양이 되게 하고 운두병은 손으로 얇게 늘여 넣어 자유로운 구름이 되게 하는 것으로 추측한다.

제분이 잘 된 지금의 밀가루로 영롱발어를 만들면 고기가 밀가루에서 잘 분리되지 않기 때문에 점성이 낮은 통밀가루를 사용하면 그나마 영롱발어의 모습이 연출된다. 장과 소금으로 간을 맞추는 것은 지금의 수제비와 같지만, 영롱발어는 식초와 산초를 넣어 '발어(撥魚)'에 생동감을 더해준다. 수제비를 끓일 때는 식초 한두 방울을 넣어 음식에 생기를 더할 일이다.

* 수제비를 수저비(水底飛)라고도 하는데 '밀가루가 물 아래에서 날아다닌다'라는 뜻으로 '발어'의 의미와도 통한다.

재료 소고기 70g, 밀가루 1컵, 소금 3g, 집간장 2t, 산초 2알, 식초 1T

소고기를 콩알만 한 크기로 잘라 밀가루와 섞어 질척하게 반죽하다가 물이 끓으면 숟가락으로 반죽을 떠서 넣고 익으면 소금, 식초, 간장, 산초를 넣어 간을 맞춘다.

재료 잉어살 300g, 양 비계 40g, 돼지 허구리살 30g, 소금 8g, 간장 1T, 익힌 생강채 4g, 천초 가루 2g, 익힌 파채 1줄기 반, 후추 2g, 행인 가루 2/3T, 식초 40mL, 세료물 3T, 면견 조금

잉어살과 돼지 허구리살은 버들잎 모양으로 얇게 썰고 양 비계는 깍두기 모양으로 잘게 썬다. 여기에 소금, 식초, 간장, 후추, 행인 가루, 천초 가루, 익힌 파채, 익힌 생강채, 세료물과 면견을 넣고 섞은 다음 발효한 만두피에 소를 넣어 싼다. 김이 오르는 찜솥에 넣고 15분 정도를 찐다.

어포자방(魚包子方)

《임원경제지(林園經濟志)》 〈정조지(鼎俎志)〉 권2 구면지류(糗麪之類)

서유구 선생은 〈정조지〉 권2 구면지류 만두(饅頭) 편 총론에 "만두는 손님을 대접하는 밀가루 음식 중에서 최상이며 훈채(葷菜)와 소채(素菜)의 사용 여부나 국물이 있는지와 없는지에 따라 만드는 방법이 다르지만 대체로 밀가루 피로 싸서 만들며 탕병(湯餠)이나 삭병(索餠)과 같은 떡의 한 종류이다."라고 밝힌다.

어포자는 잉어와 양 비계, 돼지고기의 냄새를 제거하기 위해 행인, 천초, 생강 등의 향신료와 식초가 동원되었는데 식초는 향신료와 함께 이취(異臭)를 제거하고 서로 다른 맛을 이어내는 역할을 충실히 한다. 어포자는 특유의 냄새가 있고 살이 퍼실 퍼실 해서 만두소로 적당하지 않은 민물고기에 고기의 지방을 더하고 식초를 사용하면 괜찮은 만두소가 될 수 있다는 것을 알게 하였다. 어포자는 꼭 붕어가 아니더라도 잉어나 쏘가리 등의 다른 민물고기를 활용해서 만들어도 좋다. 〈정조지〉 만두 편에는 어포자 이외에도 양의 위로 만드는 양위 만두소[羊肚餡]나 야생 닭과 야생 오리, 비계로 만드는 아두자(鵝兜子), 양의 부속물로 만드는 잡함두자(雜餡兜子)에 식초를 넣으면 냄새를 제거하고 느끼할 수 있는 만두소에 쌈박한 풍미를 부여한다. 〈정조지〉에서는 박만두(薄饅頭)의 모양을 언급하면서 포자는 둥근 모양이라고 하였으므로 어포자는 둥근 모양으로 만들어야 한다.

* **면견(麪牽)** 재료와 향신료들이 서로 잘 엉기도록 넣는 밀가루 물 등을 말한다.

* **돼지 허구리살** 허구리는 허리 좌우의 갈비뼈 아래 잘쏙한 부분으로 콜라겐이 풍부하여 맛이 좋은 부위다.

* **행인(杏仁)** 살구씨로 기침, 인후염 등의 기관지 건강에 좋다. 음식에 넣으면 냄새를 제거한다. 특유의 향미가 있어 과자나 다양한 디저트에도 들어간다.

* **세료물(細料物)** 진피(陳皮)·사인(砂仁)·홍두(紅豆)·행인(杏仁)·감초(甘草)·시라(蒔蘿)·회향(茴香)·화초(花椒) 등의 천연 식물 향신료를 곱게 갈아 놓은 조미료를 말한다.

총자방(蔥炙方)

《임원경제지(林園經濟志)》〈정조지(鼎俎志)〉 권4 교여지류(咬茹之類)

날이 풀리면 움파를 사기 위해 재래시장에 간다. 움파는 백화점이나 마트에는 절대로 없다. 움파를 찾기 위해 두리번거린다. 움파는 재래시장에서도 아무나 팔지 않는다. 장을 본 사람들의 장바구니에는 굵고 두꺼운 건강한 파가 담겨 있다. 좌판에 나와 있는 대파들을 살펴보며 열병식을 하듯 걸어보지만 움파가 눈에 띄지 않는다. '아직 움파가 나올 때가 아닌가?' 하며 움파 사기를 포기하는데 제일 후미진 좌판에 할머니 한 분이 누런 움파를 괜스레 들었다 놓았다 하고 있는 것이 보인다. 하지만 누구도 "움파가 있네!"라고 소리치지 않는다. 노란 움파는 겨울에 움 속에서 자란 빛이 누런 파로 연한 식감과 부드러운 향기가 일품이다. 구정이 빠르면 움파 산적은 맛이 덜하였고 구정이 늦으면 움파가 맛이 들어서 움파 산적의 맛이 좋았었다.

총자는 〈정조지〉에 나오는 파산적 구이로 밀가루 옷을 입혀 구운 다음에 식초를 뿌려 먹는다. 움파의 부드러운 단맛에 스며든 참기름과 간장 그리고 새콤한 식초의 맛은 완벽하였다. 식초가 약간은 느끼할 수 있는 참기름과 짠맛을 잘 조화시켜 주었다. 움파 산적 즉, 총자는 식초 음식 편에서 단연 최고의 음식이다.

재료 움파 5개, 밀가루 1컵, 참기름 2T, 집간장 1T, 식초 3T

깨끗하게 씻은 움파를 약지 손가락 길이(5~6cm)로 썰어 대나무 꼬챙이에 꿴 다음 칼등으로 가볍게 두드린다. 밀가루에 참기름과 간장을 잘 섞어 움파에 바른 다음 숯불에 구워 익혀 식초를 듬뿍 뿌려서 먹는다.

초과방(醋瓜方)

《임원경제지(林園經濟志)》 〈정조지(鼎俎志)〉 권4 교여지류(咬茹之類)

오이는 여름이면 꼭 사게 되는 채소지만 특별한 조리법이 없는 것이 오이다. 냉장고 속에서 시나브로 시들어 가는 오이가 부담스러워 도마에 올려놓고 반찬을 하려고 하면 오이나물, 오이냉국, 오이초무침…, 너무도 친밀한 오이 반찬과 함께 별로 달가워하지 않는 가족의 얼굴이 떠오른다. 오이는 벗었던 비닐 옷을 다시 입고 냉장고로 들어간다. 오이 조리법은 세월과 반비례하며 맴~맴 제자리를 맴돌고 있다.

〈정조지〉 음식을 복원하면서 초오이를 알게 되었다. 냉장고 속에서 시들어 가는 오이가 있다면 당장 꺼내서 초오이를 만들자! 오이는 햇볕에 말리기 때문에 시든 오이가 더 좋다. 여름 볕에 말린 오이를 먹을 수 있을까? 라는 의문이 들 만큼 오그라져 있는 것이 다음 조리법에서의 큰 변화를 기대하게 한다. 식초와 생강, 설탕에 절여져 풍미가 깊어진 오이는 냉국 속에 담겼던, 고추장에 찍어 먹던 오이가 아니다. 초오이는 말리는 정도에 따라 다른 식감을 느낄 수 있는데 바싹 말린 뒤 식초 액에 담그면 졸깃한 것이 고기와 같은 식감이 느껴진다. 초오이에는 상쾌한 신맛에 적당한 달콤함과 씁쓸한 풍미가 절묘하게 어우러져 간소하지만 복합적인 맛을 낸다. 오그라진 채소가 식초에 절여지자 다시 원래의 탱탱한 모습으로 되돌아가는 것이 마치 식초가 오이에 새 생명을 불어넣은 것 같다. 초오이는 써는 수고와 말리는 수고만 있다면 누구나 만들 수 있는 멋진 한 접시다.

* 식초와 생강은 함께 조리하였을 때 각자 가지고 있는 식재의 효능을 최대로 누릴 수 있다.

재료 작은 오이 5개, 채 친 생강 2T, 설탕 2T, 식초 4T

오이를 칼로 길게 나눈 다음 또다시 반으로 나누어 얇게 썰어 볕에 말려 둔다.
채 친 생강과 설탕, 식초를 넣고 골고루 섞어 말린 오이에 넣는다.

재료 작은 가지 10개, 식초 5컵, 물 5컵, 마늘 10톨, 소금 20g

작은 가지를 꼭지를 제거하고 반으로 갈라서 물기를 제거한 다음 데쳐서 볕에 말려 항아리에 넣는다. 식초와 물을 섞어서 끓이다가 찧은 마늘과 소금을 넣은 물을 부어서 익으면 먹는다.

산가방(蒜茄方)

《임원경제지(林園經濟志)》〈정조지(鼎俎志)〉 권4 교여지류(咬茹之類)

산가방은 마늘을 넣은 가지 절임이다. 선생은 산가(蒜茄)는 중국에서는 마늘을 곱게 찧어 가지를 담그는 것을 말하지만 우리나라 사람들은 반찬을 '산(蒜)'이라고 하며, 젓갈을 뜻하는 '자(鮓)'를 원래 반찬의 의미를 담은 '선(膳)'이라고도 하므로 선과 발음이 비슷한 산(蒜)으로 와전된 것으로 보인다고 조심스럽게 말한다.

지금 절임은 장아찌와 피클로 구분하지만 개념이 모호하여 간장과 식초가 합해져 한국적인 맛을 담은 채소절임을 장아찌라고 하고 깔끔한 소금과 식초가 조합되어 새침한 맛을 내는 채소절임을 피클이라고 내 나름으로 정다운 장아찌와 새초롬한 피클로 구분 지었기에 소금을 넣은 산가는 가지 피클에 가깝다.

가지는 데친 뒤 말리고 절이는 과정에서 가지 특유의 물커덩한 식감은 사라진다. 단단해진 가지는 마늘의 강한 맛에 눌리지 않고 자신의 존재감을 드러내 알싸한 마늘의 맛과 미묘한 조화를 이룬다. 산가지는 담백하면서도 입맛을 돋워주는 힘을 가지고 있다. 자극적인 음식에 길들여진 입맛을 가진 사람은 산가지의 맛에 실망할 수도 있다. 산가지는 만드는 방법은 간단하지만 잘 쉬는 가지나물과 달리 오래 두고 먹을 수 있어 좋다. 살짝 퇴색된 보랏빛이 아름다운 산가지는 맛도 모습도 소박하고 편안하여 청렴한 선비들이 즐겨 먹었을 음식이다.

* **모점이법(毛粘伊法)**

〈정조지〉의 산가지와 유사한 음식으로 모점이법이 있다. 김유(金綏, 1491~1555)의 《수운잡방(需雲雜方)》에 소개된 음식이다. 가지를 길이로 4등분하여 참기름으로 지진 다음, 곱게 찧은 마늘즙에 식초, 집간장, 물을 넣어 간이 스며들면 먹는다. 산가지는 데친 다음 볕에 말리고 모점이법은 참기름에 볶기 때문에 식감과 맛에서 차이가 난다.

황화채방(黃花菜方)

《임원경제지(林園經濟志)》 〈정조지(鼎俎志)〉 권4 교여지류(咬茹之類)

"하루는 내가 통판(通判)과 식사하고 있는데, 그릇에 식초를 버무린 나물이었다. 먹으니 소담하고 구미에 맞아서 송이버섯보다 나았다. (중략) 내가 하인을 불러 물으니, '시골 사람들은 단지 이 잎만 먹고 꽃을 먹을 줄 모릅니다.'라고 하였다. 통판은 '이 나물은 비장과 위장에 이롭고 맛도 뛰어나니 진짜 신선의 풀입니다. 중국에서는 오직 남쪽에서만 자라 옛사람들은 이를 진귀하게 여겼는데 조선인들은 이 꽃을 먹을 줄 모릅니다.'라고 하였다. 나는 주방 사람을 시켜 이 꽃을 뜯어 조석으로 먹었다. 원추리꽃을 먹는 방법은 6, 7, 8월에 꽃술을 제거하고 물에 씻은 뒤 살짝 데쳐서 식초에 버무려 먹었는데 신선의 맛이 있기가 나물 중에 으뜸이었다. 오래 먹어도 질리지 않았다."

황화채는 토종 원추리를 구하는 것이 가장 어려운 조리법이다. 작년에 중국은 아니지만, 중국인이 많이 사는 지역으로 여행을 갔다가 우연히 들른 마켓에서 말린 황화채를 구입하였다. 특별할 것도 없는 평범한 가게에서 파는 것으로 보아 예나 지금이나 흔하게 먹는 나물인 것 같다. 작년 여름 작은 뜰에 흙을 돋우고 황화채의 맛을 궁금해하는 사람들을 위해 작은 원추리 동산을 만들었다. 이제 황화채를 듬뿍 먹을 수 있으니 우리 인생에 근심이란 없다.

* 원추리는 꽃술이 금빛이라고 해서 황화채(黃花菜), 근심을 잊게 한다 해서 망우초(忘憂草), 훤초(萱草)라고 한다. 원추리꽃의 순은 넘나물이라고 하여 봄에 먹는 대표적인 나물이다. 정월 대보름에는 넘나물로 국을 끓여 먹었는데 새해의 근심과 모든 시름을 시원하게 떨치고자 하는 의미다.

재료 원추리꽃 10송이, 식초 2T

원추리꽃의 꽃술을 제거하고 깨끗이 씻어 끓는 물에 살짝 데친 다음 식초를 끼얹어 먹는다.

식향나복(食香蘿菔)

《임원경제지(林園經濟志)》 〈정조지(鼎俎志)〉 권4 교여지류(咬茹之類)

식향나복은 이름 그대로 적당히 마른 하얀 무에 향을 입혀서 먹는 '무김치'다. 서유구 선생은 우리나라에서는 잘 하지 않는 조리법이라고 말한다. 보통 무 절임은 동글동글하고 큰 무를 통으로 소금에 절이는 것인데 소금이 적게 들어가면 무가 물러서 먹지 못하기 때문에 소금을 많이 넣어야 하므로 몹시 짜다.

선생은 우리가 소금에만 의지하여 채소나 생선을 절이기 때문에 백성들이 너무 짠 음식을 먹는 것이 안타깝다고 하셨다. 식향나복에는 맛도 맛이지만 오래 두고 먹기 위한 다양한 지혜가 응축되었다. 햇볕과 소금을 이용해서 철두철미하게 무의 물기를 제거한 다음, 방부 작용이 뛰어난 식초와 화초·소회향·사인을 넣었다. 수분이 빠진 무는 식초를 흡수하여 질기지 않고 부드러운 식감을 선사한다. 화초·소회향·사인은 소화를 촉진하고 습을 제거하며 귤피는 비타민 C가 많아서 면역력을 길러 준다. 특히 햇볕에 말린 무에는 비타민 D가 풍부하기 때문에 가을에 만들어서 겨우내 먹으면 좋다. 식초가 단맛 속에 숨어 버린 짠맛을 불러내고 다소 강한 단맛은 눌러 준다. 화초·소회향·사인은 음식은 코로 먹는다는 말에 고개를 끄덕이게 한다. 식초와 곁들여진 향신료의 향기만으로도 답답한 속이 풀리고 정신이 맑아지는 '아로마' 효과도 있다.

식향나복은 귀한 설탕으로 단맛을 낸 시원한 향이 돋보이는 명품 절임 김치다. 채소가 귀한 겨울에 짠 절임 음식으로만 밥을 넘기지 않았으면 하는 선생의 향기로운 마음이 식향나복에 담뿍 담겨 있다.

재료 단단한 하얀 무 1근, 소금 1냥, 백설탕 4냥, 식초 1사발, 소회향, 화초, 사인, 진피 각 10g씩

단단한 무를 작은 덩어리로 썰어 2일간 볕을 쬐어 말린다. 무 1근에 소금 1냥을 넣고 절인 뒤 물기가 나오면 짜고 볕에 말리는데 꼬들꼬들할 정도로 말린다. 백설탕, 식초, 소회향, 화초, 사인, 진피를 곱게 빻아서 무와 고루 섞는다.

와순채방(萵筍菜方)

《임원경제지(林園經濟志)》 〈정조지(鼎俎志)〉 권4 교여지류(咬茹之類)

어린 시절, 저녁 밥상에 색다른 나물이 올라왔다. 모양새는 머윗대와 비슷하지만, 세로로 난 섬유질과 색상이 다르다. 깨소금, 파, 양념이 잘 달라붙어 있어 맛깔스러워 보이지만 낯선 음식에 대한 거부감으로 먹을까 말까를 망설인다. "상추꽃대나물이다." 엄마의 말에 화들짝 놀란다. '상추꽃대나물이라고? 상추잎으로 만든 나물은 먹었지만 상추꽃대로 나물을? 찬거리가 없으셨나?' "상추꽃대도 먹는 거야?" 불안한 목소리로 묻는다. "응, 옛날부터 데쳐서 나물로 먹었지…. 외할머니가 자주 해 주시던 음식이야."

한 젓가락을 집어 들고 큰맘 먹고 먹어 보았다. 버리는 것으로 알고 있던 뻣뻣한 상추꽃대가 쌉쏘롬하고 아삭하며 씁쓸한 맛이 머위 나물을 좋아하는 내 입맛에 잘 맞았다. 식초가 들어가서 산뜻한 것도 괜찮았다. 상추꽃대나물을 잘 먹는 딸을 기특한 듯 바라보며 엄마가 말한다. "상추꽃대는 데쳐서 말렸다가 시래기처럼 두고 먹어도 맛있다." 복더위에 한껏 자란 푸른 치마에 자주 저고리를 입은 상추가 서풍에 너풀거리며 춤을 춘다. 곧 비가 오려나 보다.

"엄마~ 상추꽃대나물 생각나?" 상추를 다듬다가 묻는다.

"내가 그런 나물도 했었냐?" 엄마는 이제 상추꽃대나물을 잊어버리셨다.

엄마가 만든 상추꽃대나물과는 양념이 조금 다른 와순채방을 〈정조지〉에서 만난 날, 젊은 엄마와 외할머니를 다시 뵙는 듯 반가웠다.

재료 상추 줄기 300g, 식초 1.5T, 소금 6g, 참기름(숙유) 2T, 생강채 조금

상추는 껍질과 잎을 떼고 3~4cm 길이로 썰어 끓는 물에 데친 다음 상추의 물기를 제거한다. 상추 줄기에 생강, 소금, 숙유, 식초를 넣고 버무린다.

산초·천초·화초의 차이

〈정조지〉에서 가장 많이 사용하는 양념 중의 하나가 지금은 잘 사용하지 않는 산초, 천초, 화초다. 산초, 천초, 화초는 모두 운향과에 속하며 모습이나 향, 효능과 효과가 비슷하여 혼용되는 경우가 많다. 일부 지방에서는 산초와 천초를 구분 없이 사용하기도 한다. 〈정조지〉에서는 식재료에 따라 산초, 천초, 화초를 구분하여 사용함으로써 음식의 풍미를 섬세하게 조율하고 있다. 산초, 천초, 화초는 소화불량, 건위 정장, 진통, 천식에 효과를 보인다. 음식에 사용하면 이취(異臭)를 제거하고 음식의 맛에 생동감을 주며 음식이 상하는 것을 방지하므로 산초류(山椒類)의 열매나 잎을 장에 넣어 두면 장이 오래간다.

산초(山椒, Zanthoxylum schinifolium)

천초와 혼동하는 산초나무는 잎끝이 뾰족하지만 전체적으로 매끈하고 가시가 난 위치가 서로 어긋나 있다. 가시가 없는 산초를 민산초라고 한다. 산초는 향이 강한 천초와 달리 잎을 비벼봐야 향기를 맡을 수 있다. 산초의 열매는 가지 끝에 송이를 이루며 많이 달리기 때문에 다산을 상징하여 옛날에는 집 안에 산초나무를 심었다. 산초는 8~10월 사이에 채취하여 건조한 후 과피(果皮)만을 취하여 약재나 향신료로 사용하고 열매로는 기름을 짠다. 산초는 나라에 따라 기원과 규정을 달리하고 있다. 우리나라에서는 화초(花椒)의 잘 익은 열매껍질을 산초라고 하기도 한다. 산초는 한국의 중남부 지역과 일본, 중국에 고르게 분포한다.

천초(川椒, Zanthoxylum piperitum)

천초는 지역에 따라 초피, 제피, 젠피라고 불리우며 잎이 줄기를 사이에 두고 마주나 있는데 계란 모양에 물결처럼 구불거리는 잎이 어긋나 있는 산초와 구분

된다. 산초보다 향기도 강하여 천초나무 가까이만 가도 향을 느낄 수 있다. 산초와 달리 열매가 잎 사이에 작은 송이로 달린다. 산초에 비해서 천초는 모습이 투박하고 향이 강해서 남성적이다. 천초는 고춧가루가 유입되기 전 고추를 대신하여 매운맛을 내는 향신료로 사용되었다. 천초는 추위에 약해 중부 이남에 분포한다.

화초(花椒, Zanthoxylum bungeanum)

역시 산초와 같은 운향과 식물인 화초를 산초와 같다고 하는데 다르다. 산초는 짙은 갈색을 띠고 있지만, 화초는 산초류보다 더 붉은색을 띠고 있다. 화초는 산초, 천초, 후추처럼 생선을 조리할 때 비린내와 이취(異臭)를 제거한다. 화초는 산초보다 향이 강하고 신맛이 강해서 먹으면 혀가 마비되는 느낌이 든다. 화초는 우리나라에서는 거의 볼 수 없으며 중국에서는 산동(山東), 강소(江蘇), 절강(浙江), 안휘(安徽) 등 화동(華東) 지역과 감숙(甘肅), 청해(青海) 등 서북 지역에 주로 분포한다.

산초

천초

고추에 밀려난 산초류

고춧가루가 유입되기 전 고추를 대신하여 김치의 매운맛을 내던 산초나 천초는 고추의 뜨거운 매운맛에 밀려 사라지게 된다. 1527(중종 22)년에 간행된 예산본(叡山本) 《훈몽자회(訓蒙字會)》에는 천초의 이명으로 진초, 촉초, 초피가 있다고 했다. 서호수(徐浩修)는 《해동농서(海東農書)》에서 천초를 약재로 파악했는데 본래 '촉초'인데, 한글로는 '초피나모' 다른 이름으로 천초, 파초, 한초라고 한다고 했다. 허균(許筠)의 《도문대작(屠門大嚼)》에는 천초로 고추장을 담갔으며 17세기 후반의 《요록(要錄)》에는 오이김치를 담글 때 겨잣가루와 함께 천초 가루를 양념으로 사용하였다는 기록이 있다. 고추가 공식적으로 등장한 것은 임진왜란 이후인 1614년 편찬된 이수광(李睟光)의 《지봉유설(芝峯類說)》이나 고추가 빻은 가루 형태로 사용된 것은 훨씬 뒤의 일로 1670년경 쓰여진 《음식디미방》의 마늘김치에도 양념으로 천초가 사용되었다. 고춧가루에 대한 기록은 1766년 쓰여진 《증보산림경제(增補山林經濟)》에 처음 등장한다. 이때부터 우리의 식생활은 고추가 천초를 대신하게 되었고 모든 음식이 단풍나무처럼 빨갛게 변하기 시작하였다.

* **《요록(要錄)》** 1680년경에 쓰여진 저자 미상의 한문 필사본 조리서이다. 《요록》에는 조리 관련 다른 문헌에서 보지 못했던 음식 이름이나 재료명이 나온다. '타락'이라는 제목 아래 끓인 우유에 식초를 넣어 응고시켜 우유죽을 만드는 방법이 소개되어 있다.

동호채방(茼蒿菜方)

《임원경제지(林園經濟志)》〈정조지(鼎俎志)〉 권4 교여지류(咬茹之類)

동호(茼蒿)라는 낯선 이름은 익숙한 쑥갓의 다른 이름이다. 쑥갓을 영어로는 크라운 데이지(Crown Daisy)라고 하여 서양에서는 꽃을 감상할 목적으로 쑥갓을 재배한다는 것을 알 수 있다. 쑥갓잎이 뻣뻣해서 식용으로서 의미가 없어질 때 쑥갓은 소박하지만 강렬한 노란 아름다움을 토해 낸다. 쑥갓 특유의 향기는 국화, 갓, 쑥의 향기를 섞어 놓은 듯하고 생김새는 국화와 쑥을 닮아서 쑥갓이라는 이름이 붙지 않았을까? 라며 쑥갓이라는 독특한 이름을 갖게 된 연유도 생각해 본다.

〈정조지〉의 동호채는 데친 쑥갓을 식초와 겨자로 매콤하면서 상큼한 향미를 살린 쑥갓나물로 우리가 흔히 먹는 참기름으로 무쳐낸 고소한 쑥갓나물과는 완전히 다르다. 동호채에는 설탕과 마늘이 들어가지 않아서인지 겨자의 찌르는 듯한 매운맛과 식초의 찡한 맛까지 합세하여 새콤달콤한 맛에 익숙한 우리 입맛을 잠시 혼란에 빠트린다. 달콤함이 빠진 새콤함 속에 숨은 매콤함과 짭짤한 맛에 잠깐 들었던 거부감이 곧 사라지며 갑자기 친숙하게 느껴지는 것은 〈정조지〉를 복원하면서 혀가 나물의 맛은 이래야 한다는 고정관념에서 벗어났기 때문인 것 같다. 쑥갓뿐 아니라 우리가 자주 먹는 시금치, 콩나물, 취나물도 동호채의 조리법을 활용해 볼 일이다. 나물은 고소한 참기름이나 들기름도 좋지만, 식초와 겨자도 좋다는 사실을 기억하기 바란다.

재료 쑥갓 반 단, 겨잣가루 1T, 간장 1T, 식초 1T

쑥갓은 줄기를 살려 다듬은 다음 깨끗이 씻어 끓는 물에 데친 후 찬물에 헹궈 물기를 꼭 짜 둔다. 겨잣가루에 간장과 식초를 잘 섞어 쑥갓에 넣고 잘 버무려 준다.

호유제방(胡荽虀方)

《임원경제지(林園經濟志)》 〈정조지(鼎俎志)〉 권4 교여지류(咬茹之類)

수십 년 전 낯선 땅에 도착하여 처음 먹은 음식은 낯선 고수가 듬뿍 들어간 동남아 음식이었다. 숨을 참아가며 음식의 반을 겨우겨우 먹었다. 한 달 뒤, 고수가 좋아지면 이 나라도 좋아질 거라는 고수를 너무 좋아한다는 분의 초대를 받고 고수가 들어간 음식을 대접받았다. '내가 고수를 좋아할 일은 결코 없을 것이다.'며 '고수파'의 고수 예찬에 고개를 흔들었다. 야릇한 냄새가 나는 고수를 굳이 먹는 이유를 알 수가 없었다. 고수의 향기를 사랑하지 못한 채 낯선 땅을 떠났고 긴 세월이 흘러서야 고수의 향기가 좋아지기 시작했다.

〈정조지〉를 공부하면서 고수 잎과는 사뭇 다른 우아한 향기를 가진 고수의 씨앗인 호유자(胡荽子)가 서양 향신료로 알려진 코리앤더(Coriander)이며 실란트로(Cilantro)가 고수의 잎과 줄기라는 것을 알았다. 고수는 오신채를 금해야 하는 스님, 민간에서는 황해도와 개성 사람, 남쪽에서는 산간지역 사람들이 김치로 담가 먹었다. 고수를 중국의 향채(香菜), 동남아의 향신채라고 생각하는데 고수가 호유자라고도 불리었던 우리 고유의 식재료라는 것도 알게 되었다. 앞으로 고수와 더불어 호유제라는 이칭(異稱)도 함께 사용되었으면 좋겠다. 호유제는 지금의 고춧가루나 젓갈이 들어가는 고수김치의 원형으로 피클의 개념으로 먹어도 좋다. 호유제가 삶아지고 절여지면서 빠진 향기를 식초가 은근하게 끌어 올린 아름다운 전통 향 김치로 호유제는 자체가 향을 품고 있어 식초와 소금 이외에는 다른 양념을 필요치 않아 만들기도 쉽다.

재료 고수 500g, 소금 13g, 식초 3T, 물 1L

고수의 거친 겉잎을 떼어 내고 깨끗이 씻은 다음 끓은 물에 삶는다. 물에 소금을 넣고 잘 녹인 다음 삶은 고수를 넣어 하룻밤을 재웠다가 소금물에서 건져 고수의 물기를 제거한다. 고수에 식초와 소금을 넣고 잘 버무린다.

고수 이야기

초여름 비가 내리는 어느 날 오후, 호유제를 촬영하기 위해 고수밭을 찾았다. 고수 농사를 지은 지 10년이 넘었다는 노부부가 하얀 고수꽃 무리 너머로 장에 내다 팔 고수를 손질하고 있었다. 잔잔한 흰 고수꽃이 평생 농사만 지었다는 노부부의 소박한 미소를 닮았다. 비가 내리는 탓인지 고수꽃의 향기가 더욱 진하게 느껴진다. 고수를 뽑아 손질하던 할머니는 비린내 나는 고등어 같은 생선을 조릴 때 고수를 한 줄기 넣어 주면 신기하게도 비린내가 사라진다며 고수를 '요술쟁이 풀'이라고 한다. 속도 맛이 있다며 줄기를 잘라서 먹어 보라고 하는데 줄기가 텅 비어 있다. 고수가 코스모스처럼 하늘하늘한 이유를 알 것 같다. 할머니는 고수의 효능을 제대로 보려면 어린 고수보다는 땅 위 줄기가 25cm 정도 되는 고수가 효과가 있다고 한다. 어린 고수는 향은 있지만, 아직 고수로서의 역할을 하지 못하는 것 같다고 한다. "며느리가 시집와서는 고수를 먹으라고 하면 펄쩍 뛰었는데 지금은 잘 먹는다."라며 고수는 누구나 이런 과정을 겪으며 좋아하게 된다고 한다. 할아버지는 고수는 오염된 토양에서는 자라지 못한다며 누렇게 변한 고수풀에서 영근 씨앗을 채취해서 준다. 마트에서 구매한 고수씨보다 상큼한 감귤 향이 더 강하다. 할아버지가 따 주신 흰 고수꽃을 한아름 안고 돌아와 며칠을 고수꽃 향기를 맡는 호사를 누렸다.

고수

재료 어린 순채 잎 1/3컵, 생강 1t, 식초 1컵, 물 1컵

어린 순채를 끓는 물에 데친 뒤 물에 헹궈 생강, 식초를 곁들여서 먹는다.

순여방(蓴茹方)

《임원경제지(林園經濟志)》〈정조지(鼎俎志)〉 권4 교여지류(咬茹之類)

순채는 어디로 갔을까? 진흙탕 같은 세상살이는 자신이 살 곳이 아니라고 산으로 떠났을지도 모르는 순채를 찾는다. 사람들은 순채를 우연히 만났다고 하는데 모두 어디서 만났는지는 꿀 먹은 벙어리가 되니 더 애가 탈 뿐이다. 순채를 찾기 위해 맑다는 저수지와 웅덩이를 찾아 나섰지만, 방죽은 온통 진흙에서 자라는 연잎으로 뒤덮여 있을 뿐이다. 예전에 웅덩이, 저수지마다 순채가 가득 담겼다던 순동리(蓴洞里)라는 마을로 순채를 찾아 나섰다.

"예전에는 많았었지… 마을 이름도 순채가 많다고 해서 순동리야. 요즘은 순채가 없어졌어. 연(蓮)하고는 달리 순채가 맑은 물에서만 자라거든. 일본 사람들이 순채를 엄청나게 좋아해서 공출해 가느라 웅덩이마다 순채를 따는 사람들이 가득했다고 해." 줄풀이 무성한 방죽 옆 비탈진 둑방의 잡초를 베던 할아버지는 몇 년 전까지는 순채가 있었지만, 지금은 본 적이 없다고 한다.

며칠 뒤, 식물에 대해 전혀 관심이 없다는 지인에게 순채의 모습과 살았던 곳을 설명하자 엊그제 다녀왔다는 방죽의 사진을 보여주는데 순채가 가득하여 반가운 마음에 달려갔는데 순채가 아니라 수련이다. 순채의 무색(無色)·무미(無味)·무취(無臭)로 인해 적당한 맛으로 표현할 수 없다는 것이 아쉽지만 '청아한 맛이다.'라는 말이 가장 적절할 것 같다. 된장국에 넣어 먹을 만큼 흔했던 순채가 환경이 깨끗해져 다시 돌아오기를 바란다.

* **순채를 손질하는 방법과 먹는 방법**

어린 순채 잎은 가볍게 씻어서 물을 뺀 뒤 끓는 물에 1분 정도 데친 다음 차가운 물에 담가서 식힌다. 이를 식초를 뿌려 먹거나 간장을 넣은 고추냉이와 곁들이거나 된장국 등에 넣어 먹는다. 고기 물을 끓여 먹어도 좋다.

순채 이야기

순나물이라고도 불리는 순채는 산에는 송이, 밭에는 인삼이라면 물에는 순채를 제일로 꼽았으며 진상을 하였다. 순채는 수온 변화가 적은 늪이나 연못에서 자라는데 깨끗한 물 위로 잎을 올리고 진흙 속에 뿌리를 내리므로 기르기 까다로운 수생식물이다. 어린 순은 우무 같은 점액질로 싸여 있는데 어릴수록 점액질이 많다. 순채는 잎뿐 아니라 꽃망울도 투명한 우무질로 싸여 있어 벌레나 다른 이물질로부터 자신을 보호한다. 《동의보감(東醫寶鑑)》에는 순채가 숙취 제거와 청혈 작용에 효과가 있다고 소개하고 있다. 지금은 멸종 위기 야생 식물 2급으로 지정되어 있다.

조선의 문인들은 순채의 독특한 맛을 시로 남겼는데 조선 전기의 문신 서거정(徐居正)은 순채를 "혹은 날로 먹고 혹은 국을 끓여서 간을 잘 맞추니 초계가 향기롭네. 금제 죽순을 논해서 무엇하리. 특이한 맛이 오후청을 안 부러워하네." 라며 순채의 무색무취한 맛에서 맛을 느낀 기쁨을 노래하고 있다. 조선 후기의 학자인 김창협(金昌協)은 제천 의림지의 백 이랑의 순채는 봄 국거리로 충분하다고 노래하여 당시에는 순채가 흔하고 누구나 먹을 수 있는 식재료였음을 알게 한다. 조선 영조 때 한진호가 지은 《도담정기(島潭程記)》에 보면 "제천 의림지와 순채를 소개하는데 선비들이 즐겨 먹고 궁중에 진상한다."라고 하였다. 〈정조지〉 권3 음청지류(飮淸之類)에는 순차(蓴茶, 순채차)를 만드는 방법이 소개되어 있는데 "4월 중에 아직 피지 않은 어린 순채(蓴菜) 잎을 따서 오미자즙에 넣고 백밀을 타서 마신다(四月間, 取未開嫩蓴葉, 投五味子汁中, 調白蜜飮)."라고 하였다. 순채를 즐겨 먹는 일본에서는 갓 딴 순채의 어린잎을 가볍게 씻은 다음 팔팔 끓는 물에 데친 뒤 얼음물에 식혀서 튀김, 된장국, 나베 요리에 넣어 먹는데 여름이 제철인 순채는 식초나 고추냉이 간장에 곁들여 먹는 것이 제격이다.

순채와 순채꽃

상루여방(蔏蔞茹方)

《임원경제지(林園經濟志)》〈정조지(鼎俎志)〉 권4 교여지류(咬茹之類)

〈정조지〉에는 상루(물쑥)는 지대가 낮은 논에서 자라며 중국 강서 지역에서는 이것으로 생선국을 끓이는데, 삼국 시대 오나라 육기(陸璣)의 〈모시초목조수어충소(毛詩草木鳥獸魚蟲疏)〉에 보면 "상루의 잎은 쑥과 같으며 흰색이며 《시경(詩經)》〈한광(漢廣)〉 편에 '루(蔞)'가 바로 상루"라고 여러 이름으로 불리는 물쑥을 정의하였다. 조리법은 "물쑥은 쪄서 나물을 만들 수 있고 물쑥의 어린줄기는 잎을 제거하고 끓는 물에 데친 다음 기름소금과 식초를 뿌려서 나물을 만드는데 간혹 고기와 더하기도 한다."라고 하여 물쑥에 대해 짧지만 중요한 정보가 담겨 있다. 이 글에 근거하면 봄에 땅과 바다의 향기를 가득 담은 음식으로 유명한 '도다리쑥국'이 바로 물쑥을 생선과 함께 국을 끓이는 데서 유래하지 않았는지 추측해 본다. 원래 담백한 도다리 국에 말쑥한 물쑥을 넣었으나 쉽게 구할 수 없어 땅에서 자라는 쑥을 넣기 시작한 것 같다. 다음 장에 소개하는 〈고조리서 속 다양한 식초 음식〉 중 《조선요리법(朝鮮料理法)》에 나오는 물쑥나물을 살펴보면 그 뿌리가 〈정조지〉의 상루여(蔏蔞茹)에서 비롯되었음을 짐작할 수 있다. 《조선셰프 서유구의 식초 음식 이야기》를 쓰면서 물쑥나물의 원형과 발전 과정을 복원한 것도 의미가 있지만 물쑥나물을 잘 모르는 지금 물쑥나물이 내일의 식탁에 올라갈 수 있는 작은 계기가 되었으면 하는 욕심이 생긴다. 선인들이 먹던 음식이 눈으로 즐기고 입으로만 감탄하는 음식이 아닌 현대에 적합한 먹는 음식이 되는 것이 음식 복원의 최종 목표가 아닐까?

재료 물쑥 1kg, 식초 2T, 소금 1t, 참기름 2T

연한 물쑥은 줄기를 살리고 잎은 제거하여 끓는 물에 살짝 데쳐서 찬물에 헹군다. 참기름에 소금을 녹여서 뿌리고 섞은 다음 식초를 끼얹는다.

쑥의 종류

우리나라에는 29가지로 분류된 쑥이 있는데 식용과 약용으로 구분하여 사용된다. 애(艾), 호(蒿), 봉(蓬), 래(萊)는 모두 쑥을 뜻하는 말이다. 인진쑥, 비쑥, 제비쑥, 참쑥, 물쑥, 개똥쑥, 사자발쑥 등이 있다. 인진쑥은 한겨울에도 죽지 않는다고 해서 사철쑥이라고도 불린다. 인진쑥은 약효가 좋아 민간에서 단방약으로 애용되었는데 특히 간 치료에 좋은 효과를 보인다. 비쑥은 중남부의 모래와 자갈이 섞인 염습지에 많고 신장결석과 여성 질병에 많이 써 왔다. 산에서 많이 볼 수 있는 제비쑥은 식용과 약용으로 열을 내리고 염증을 치료하며 눈과 얼굴색을 좋게 한다. 색이 일반 색보다 짙푸른 색이라 쉽게 구별된다. 우리 주변에서 제일 흔한 쑥은 참쑥으로 식용으로 떡과 국에 넣는 일반적인 쑥이다. 누호(蔞蒿)라고 하는 물쑥은 강가나 습지에서 옆으로 뿌리를 뻗으며 무리를 이루어 자라는 여러해살이풀이다. 물쑥의 줄기는 세로 줄기로 털이 없고 홍자색을 띠며 키가 1m를 훌쩍 넘길 정도로 크게 자란다. 줄기에서 나온 잎은 새의 깃털 모양으로 길며 밑 부분까지 갈라지고 잎의 뒷면에는 회백색 털이 있어 다른 쑥과 쉽게 구분이 된다. 물쑥은 북쪽으로 올라가면서 많이 발견된다. 물쑥은 일찍부터 잎, 줄기, 뿌리가 모두 식재료로 이용되었는데 특히 촉촉한 땅속에서 자란 뿌리는 다른 뿌리와는 다르게 뻣뻣하지 않고 부드러워 예로부터 물쑥 뿌리를 즐겨 먹었다. 물쑥의 연한 줄기와 잎을 묵이나 청포에 섞어 무친 것을 누호채라고 하며 누호차는 간 기능 보호와 통경(痛經)에 사용하였다. 이외에도 산지에서 자라는 맑은대쑥, 이질이나 소화불량을 다스리는 민간요법에 사용된 개똥쑥 등이 있다. 현대에는 개똥쑥의 항암 효과가 약보다 뛰어나며 항말라리아 효과도 있다고 한다. 쑥은 무기질과 비타민 A가 풍부하고 숙취 해소와 수족냉증, 정혈 등에 좋다.

쑥은 오래 묵힐수록 약효가 좋은 약초 가운데 하나로, 《맹자(孟子)》 〈이루(離婁)〉 상(上)에 보면 "7년 묵은 병에 3년 묵은 약쑥을 구한다(七年之病, 救三年之艾)."라고 하여 평소에 쑥을 잘 말려서 준비해 두면 필요할 때 요긴하게 쓸 수 있음을 강조하기도 하였다. 화타(華佗)는 황달이 걸린 사람을 3월의 제비쑥으로 치료하고 약효가 있는 3월 제비쑥을 구분하기 쉽도록 인진(茵蔯)쑥이라 부르게 했으며 다음과 같은 시를 남겼다.

> 삼월 인진쑥, 사월 제비쑥
> 후세 사람들아 반드시 기억해 다오.
> 삼월 인진쑥은 병을 고치지만
> 사월 제비쑥은 불쏘시개일 뿐이라네.

물쑥

숭증방(菘烝方)

《임원경제지(林園經濟志)》〈정조지(鼎俎志)〉 권4 교여지류(咬茹之類)

속이 차지 않은 어린 배추로 만들 수 있는 최고의 음식으로 숭증(菘烝)을 꼽는다. 〈정조지〉를 복원하기 전 우연히 숭증과 비슷한 배추찜을 만들었는데 고기를 얌전히 품고 있는 잘린 배추의 켜가 예뻐서 먹지 않고 한참을 들여다 보았던 기억이 난다. 어린 배추는 연노랑빛이 고운 알배추도 있고 새파란 잎이 새뜻한 얼갈이도 있어 어떤 배추로 해야 할지 망설이고 있는데 모두 알배추를 추천한다. 〈정조지〉의 숭증에는 식초가 들어가지 않지만 '산초, 총백, 고기 등의 양념'이라 하여 배추에 켜켜이 들어가는 고기소에 식초를 넣었다. 펄펄 끓는 물에 알배추를 단단한 줄기 쪽부터 넣어 익힌 뒤에 곱게 다진 고기에 산초, 생강, 잣을 넣은 후 특별히 초대된 식초를 넣고 잘 섞은 다음 배추를 찜기에 넣고 찐 뒤 김이 날 때 식초를 스프레이에 담아서 뿌려 숭증에 날아갈 듯한 상쾌함을 넣어 주었다. 삶고 찌기를 반복해서 부드러워질 대로 부드러워진 배추와 어우러진 고기소의 맛은 식초로 인해 더이상 담백하고 간결할 수 없다. 숭증은 바로 먹는 것도 좋지만 간장을 넣은 식초 물에 발효를 시킨 뒤 냉장고에 넣었다가 시원하게 먹으면 그 맛이 일품이다. 배추의 모양을 살리는 숭증이 좀 어렵다면 배추를 낱장으로 익힌 다음 썰어서 기름에 소와 함께 볶아도 숭증의 기품 있는 맛은 충분히 느낄 수 있다. 숭증은 초간장과 곁들여 먹어야 한다.

재료 어린 배추 1포기, 곱게 다진 소고기 250g, 식초 1/2T, 생강채 7g, 잣 30알, 소금 5g, 청장 4t, 산초 가루 2g, 말린 새우살 15g

---

어린 배추를 통으로 끓는 물에 데치는데 배추의 뿌리 쪽부터 넣어 익힌다. 말린 새우는 미지근한 물에 불렸다가 곱게 다진 소고기에 말린 새우살, 생강채, 잣, 산초 가루, 식초, 간장, 소금을 넣고 잘 섞는다. 배추 켜켜이 김칫소를 넣듯 고기소를 넣고 김이 오르는 찜기에 배추를 올리고 한 김 들인다. 익은 배추는 썰어서 초간장을 곁들여 낸다.

재료 3~4월 사이에 포기가 큰 품질이 좋은 채소 1단, 식초 1컵, 간장 1/2컵, 시라 1t, 화초 1t, 설탕 1T, 귤껍질 20g, 향유 1/2컵, 소금 1/2컵

포기가 큰 품질이 좋은 채소를 골라 깨끗이 씻어서 물기를 제거하고 끓는 물에 채소를 익히는데 반쯤만 익혀 볕에 말린다. 말린 채소에 소금, 간장, 시라, 화초, 설탕, 귤껍질을 넣고 푹 익혔다가 또 볕에 말린다. 먹을 때는 향유를 발라 주무른 뒤, 식초를 넣고 밥 위에 쪄서 먹는다.

증건채방(烝乾菜方)

《임원경제지(林園經濟志)》 〈정조지(鼎俎志)〉 권4 교여지류(咬茹之類)

며칠 날씨가 따뜻하면 금방 여름을 맞이할 채비를 하다가 때늦은 춘설에 당황하기도 하는 계절이 봄이다. 봄은 시곗바늘을 앞당기기도 하고 뒤로 돌리기도 하며 변덕을 부린다. 봄이 갈 무렵이면 채소는 잎과 색이 진해지고 섬유질도 많아져 튼실하지만 먹기에는 좀 억세다. 이런 채소를 말려서 오래 두고 간편하지만 맛있게 먹을 수 있는 방법이 〈정조지〉 권4 교여지류 건채(乾菜) 편에 나오는 증건채방이다. 생으로 먹기엔 뻣뻣한 채소를 '찌고[蒸]', '말리는[乾]' 초벌 증건(蒸乾)을 한 후 향신 양념을 입혀서 다시 찌고 말리기를 거듭한다. "말린 채소를 기름에 주무른 뒤 식초를 넣어 밥 위에 올려서 쪄 먹는다." 라고 마무리되어 있어 맛에 대한 평가는 없지만, 채소를 찌고 말리는 과정에서 이미 서유구 선생으로부터 큰 선물을 받은 것 같았다.

채소를 말려서 보관하는 방법은 채소를 한 번 삶아서 말리기 때문에 증건채방보다 쉽지만 먹을 때는 물에 담갔다가 푹푹 삶고 억센 껍질은 벗겨내는 지난한 과정을 거쳐야 한다. 증건채방은 두 번 삶고 말리기 때문에 채소가 연하고 부드러워 먹을 때는 불리고 삶는 과정이 생략된다. 향신 양념으로 말린 채소 특유의 이취(異臭)도 없다. 고기나 장어, 조기 등을 조리할 때 초벌구이, 초벌 찜을 한 다음 양념을 바른 뒤 구우면 맛과 색감이 깊어지는데 증건채방도 그랬다. 이 증건채방은 지리산에서 건나물을 만드는 친구에게 서둘러 알려 줘야겠다. 벌써 앵두나무 꽃이 진 자리에 작은 앵두가 달려 있다.

* 증건채방을 만들 때는 반드시 채소를 끓는 물에 데쳐야 한다. 증(蒸)이 '찌다'라는 뜻이므로 증에 집착하여 채소를 찌면 결과물에서 마른 채소 특유의 이취감(異臭感)과 쪘을 때 채소에서 누런 물이 나와서 음식으로서 가치가 없다.

천리포방(千里脯方)

《임원경제지(林園經濟志)》 〈정조지(鼎俎志)〉 권5 할팽지류(割烹之類)

〈정조지〉 권5 할팽지류(割烹之類) 포석(脯腊) 편에 나오는 천리포(千里脯)는 천 리를 가도 상하지 않는다고 해서 붙여진 이름이다. 예전에는 장에 가는 일, 출장, 관혼상제 참석, 친지 방문 등 가까운 길이나 먼 길이나 걸어가는 것이 예사였다. 집을 떠나 오랜 시간 걷는 일은 많은 에너지가 필요하다. 이런 시절 '육포'는 휴대가 간편하고 오래 두고 먹을 수 있어 여행자의 가장 든든한 식량이었다. 천리포는 고기를 양념 물에 삶아서 빠르게 만들 수 있는 포이므로 급히 길을 떠나야 하는 사람에게 적합한 포다. 천리포가 변하지 않게 하는 비법은 바로 '식초'다. 식초가 고기의 육질을 부드럽게 하여 회향과 화초의 풍미가 고기 깊숙이 스며들어 방부 작용이 촉진된다. 달고 짠 포 맛에 익숙해진 우리의 입맛에는 천리포가 낯설게 느껴질 수도 있지만, 식초와 술로 고기를 다스린 후 회향 가루와 화초 가루를 더해 생기를 더한 쌈박한 맛의 포다. 요즘 먹는 포는 맛의 차별화가 거의 없으며 고기의 종류도 구분할 수 없을 정도로 양념 맛이 강하여 쉽게 물린다. 식초가 맛을 주관한 천리포는 '육포'라는 본질에 충실한 담백하고 간결한 맛이 돋보이는 건강한 포다.

재료 돼지고기 목살 1근, 식초 1컵, 좋은 술 2컵, 흰 소금 15g(겨울에는 11g), 회향 가루 3.8g, 화초 가루 3.8g

---

식초와 술, 흰 소금, 회향 가루, 화초 가루를 모두 섞은 액에 돼지고기를 하룻밤 재웠다가 약한 불에서 즙이 다하도록 끓인 다음 볕에 널어서 말린다.

Tip 우육과제에는 진한 식초를 넣으라고 하였으므로 산도가 높은 식초를 사용한다.
소고기 절이는 방법은 봄과 가을의 시간을 기준으로 하였고, 여름 복날에는 한나절만 절이고, 겨울에는 3일간 절인다.

우육과제방(牛肉瓜虀方)

《임원경제지(林園經濟志)》 〈정조지(鼎俎志)〉 권5 할팽지류(割烹之類)

〈정조지〉 권5 할팽지류(割烹之類)에는 고기를 삶거나 굽고, 절이거나 말리는 등의 조리법이 일목요연하게 나열되어 있다. 우육과제(牛肉瓜虀)는 고기의 기타 조리법인 임육잡법(飪肉雜法) 편에 첫 번째로 소개된 음식으로 포와 결과물이 유사하지만 고기를 참기름과 식초에 볶아서 익힌다는 점에서 구분된다. 우육과제는 〈정조지〉 권4 교여지류 과제방(瓜虀方)의 '과제(瓜虀)'와 같은데, 참외로 만든 과제의 맛이 좋아서 그 조리법을 고기에도 응용한 것이 아닌가 하는 생각이 든다. 우육과제는 식초에 절인 고기를 참기름에 볶고 다시 식초와 간장에 졸인 다음 말리는 과정의 많은 정성이 들어가는 만큼 오래 두고 먹을 수 있다. 세료물과 소금에 절인 고기는 채소처럼 맑고 담백해서 그냥 생으로 먹어도 될 것 같다. 고기를 참기름에 볶으면서 잃어버린 맛과 향의 균형을 식초의 과감한 사용으로 찾는다. 우육과제는 찌르는 듯한 향미를 가진 진한 식초를 듬뿍 넣어 졸였음에도 배초향에 귤 향을 더한 듯 변해 버렸다. 고기와 식초가 얼마나 잘 어울리는지를 선명하게 보여 주는 고기 절임으로 찬으로 술안주, 간식으로도 두루 먹을 수 있다. 나아가 선생은 우육과제에 식초, 소금, 술을 부으면 오래 두고 먹을 수 있다는 비결도 귀띔해주신다.

재료 편으로 자른 소고기 2근, 고운 양념 8g, 소금 32g, 참기름 80g, 식초 3컵, 간장 3t

소고기는 큰 편으로 잘라 고운 양념, 소금을 고루 섞어서 하룻밤을 두었다가 다음날 일찍 뒤적이고 다시 한나절을 절였다가 꺼낸다. 절인 고기를 참기름을 뜨겁게 달군 솥에 넣고 쉬지 않고 휘젓는데 참기름이 마르도록 한다. 기름이 다 마르면 진한 식초를 손가락 두께 절반 높이로 올라가게 부은 다음 뭉근한 불로 졸여 3~5번 끓으면 간장을 조금 넣고 다시 뭉근한 불로 삶다가 즙이 마르면 건져내 체에 걸러 마를 때까지 펼쳐 놓는다.

육생방(肉生方)

《임원경제지(林園經濟志)》〈정조지(鼎俎志)〉 권5 할팽지류(割烹之類)

육회는 고기를 채 친 뒤 갖은양념을 하여 날로 먹는 음식을 말한다. 〈정조지〉 권5 할팽지류 회생(膾生) 편 총론에서는 고기를 잘게 자른 것을 '회(膾)'라고 하며 잘게 썬 뒤 함께 모은 것을 회(會)라고 한다. 회는 반드시 생선이나 고기의 날 것을 쓰므로 어생(魚生)이나 육생(肉生)이라고 하지만 간혹 삶거나 데쳐서 가늘게 썬 것도 회생(膾生)이라며 회를 정의하였다. 〈정조지〉의 육생방은 익혀서 채 친 고기와 채소, 상쾌하면서 기분 좋은 매운맛이 나는 사인, 초과, 귤피 등 향신채를 참기름으로 잘 섞은 다음 식초를 뿌려서 먹는 육회다. 보통은 음식의 마무리를 참기름을 두르거나 웃기를 올리는 것으로 향미를 더하는데 육생방은 식초가 그 역할을 하고 있다. 음식을 식초로 마무리하는 방법은 다른 음식에도 활용해 볼 일이다. 술지게미의 향미와 식초가 지나칠 정도로 잘 어울리는 육생방은 '육회'에 새로운 이야기를 입혀 준다. 누구나 좋아하는 잡채가 바로 육생방에서 비롯되었음도 알게 된다. 익힌 고기도 생고기의 신선한 느낌을 갖게 하는 것은 식초 덕이다. 〈정조지〉의 육생방은 일반적인 육회의 통념을 깨기 때문에 더욱 맛있다.

* 웃기는 음식의 모양과 빛깔을 보기 좋게 하고, 식욕을 돋우기 위하여 음식 위에 올려 놓는 재료를 말한다.

재료 소고기 우둔살 200g, 간장에 절인 오이 1개, 술지게미에 절인 무 1토막, 마늘 4톨, 사인 2g, 초과 2g, 화초 2g, 귤피 3g, 참기름 2T, 식초 2T 전처리용 양념 기름 2T, 간장 2T

소고기는 기름과 간장에 넣고 주물러 핏물을 뺀 다음 고기를 달구어진 노구솥에 넣어 핏물이 제거되고 고기 색이 약간 하얘지도록 살짝 익힌 뒤 채를 썬다. 간장에 절인 오이, 술지게미에 절인 무를 고기의 크기에 맞춰 채를 썰고 채 썬 고기에 채 썬 오이와 무를 합한 뒤 마늘, 사인, 초과, 화초, 귤피, 참기름을 넣고 함께 볶으면서 잘 섞는다. 먹기 전에 식초를 더하여 고루 섞는다.

합회방(蛤膾方)

《임원경제지(林園經濟志)》 〈정조지(鼎俎志)〉 권5 할팽지류(割烹之類)

대합조개의 꼭 다문 입 사이에 칼날을 넣고 조심스럽게 힘을 주면 '짝' 소리와 함께 우윳빛 속살이 모습을 드러낸다. 시장에서 산 대합조개가 무거워서 손을 바꿔 가며 들고 왔는데 발라낸 살은 겨우 한 대접이다. "옛날에는 시장에 나가면 지천이었는데…." 엄마는 대합조개가 발에 챌 정도로 흔해서 식구들이 마음껏 먹을 수 있었던 옛날이 그리운 것 같다.

맛이 좋아 '조개의 여왕'으로 불리는 대합은 문합(文蛤), 화합(花蛤)이라고도 하는데 서해안의 모래 진흙에서 주로 서식한다. 대합은 껍질이 꼭 맞게 물려 있는 모습이 '부부화합'을 상징하여 일본에서는 혼례 음식으로 대합을 사용한다. 대합은 살을 발라낸 다음 양념하여 조개껍질에 채운 뒤 석쇠에 올려 구워서 먹거나 삶아서 탕이나 죽으로 많이 먹지만 회로 먹는 것이 대합의 맛을 가장 잘 느끼고 맛있게 먹는 방법이다. 〈정조지〉의 대합회는 채 썬 파, 마늘, 생강, 실고추처럼 흔한 향신 양념을 대합 살 위에 올린 뒤 초간장을 곁들여 자연 그대로의 맛을 잘 살려냈다. 대합은 짭조름하여 초간장이 필요 없으나 대합회는 대합 살을 물로 씻었고 날 것이기 때문에 초간장이 꼭 있어야 한다. 대합회는 아무리 까다로운 미식가의 입맛도 사로잡을 진미 중의 하나다. 대합은 봄과 가을이 철이지만 봄기운을 담은 대합이 더 맛이 있다.

재료 대합조개 10개, 채 썬 파, 채 썬 마늘, 채 썬 생강, 홍고추 조금씩
초간장 재료 간장 2T, 집간장 1/4T, 식초 3T, 맛술 1/4T, 매실청 1T, 생강즙 1/3T, 물 1T

꼭 다문 대합조개의 입을 위쪽으로 도마 위에 세우고 칼을 조심스럽게 대합조개의 입 사이로 넣어 한 손은 칼의 손잡이를 잡고 한 손으로 조심스럽게 힘을 가하여 대합조개의 입을 벌린다. 대합조개가 벌어지면 끝까지 칼로 자르지 말고 손으로 떼어낸 뒤 조개의 물을 그릇에 받는다. 갓이 얇은 수저로 조개의 살을 긁어내고 조개껍질은 씻어서 물기를 뺀다. 조개의 내장을 제거한 뒤 물에 넣어 살살 가볍게 씻고 살을 먹기 좋게 썬 다음 조개껍질 안에 다시 넣고 조개 위에 채 썬 파, 마늘, 생강, 홍고추를 올린다. 초간장을 곁들여 먹는다.

맛있는 대합조개 고르는 법

'조개의 여왕'인 대합을 사기 위해 시장을 돌아다니다 보면 대합 껍데기가 조금씩 달라 어떤 대합을 골라야 하는지 혼란스럽다. 대합은 펄과 모래에서 나오는데 개펄에서 나온 대합이 훨씬 더 맛이 있다. 모래 속에서 자라는 대합은 빨리 자라지만 맛이 떨어지고 펄에서 자라는 대합은 더디 자라고 맛이 좋다. 펄에서 나온 대합과 모래에서 나온 대합은 색으로 구분할 수 있다. 펄에서 나온 조개는 대부분 짙은 갈색에 은회색 빛이 돌고 일부는 누런 황금빛이 돈다. 모래에서 나온 조개는 모두 황금빛이 돌기 때문에, 가급적이면 짙은 갈색에 은회색 빛이 감도는 조개를 사는데 황금빛 조개가 섞여 있는 것은 괜찮다. 북한산 조개는 검은 빛이 감도는데 질길 뿐 아니라 맛도 떨어진다.

모래에서 자라는 대합(좌), 펄에서 자라는 대합(우)

오랄초방(五辣醋方)

《임원경제지(林園經濟志)》 〈정조지(鼎俎志)〉 권6 미료지류(味料之類)

오랄초(五辣醋)는 갖가지 양념을 넣은 식초다. 오랄초는 매운맛이 중심이지만 단맛, 쓴맛, 짠맛과 감칠맛까지 오미를 갖춘 양념 식초다.

〈정조지〉 권6 미료지류(味料之類)의 양념[飪料] 편에 소개된 오랄초는 식초에 간장, 흰엿, 화초, 후추, 생강이나 마늘을 넣지만, 꼭 이 양념에 얽매이지 않고 오랄초로 맛을 낼 음식에 맞추어 나만의 오랄초를 만들면 된다. 다만 '랄(辣)' 자에 충실하여 매운맛을 넣는데 가을바람처럼 시원한 매운맛을 내는 산초, 천초, 후추, 사인, 초과 등을 사용하는 것을 추천한다. 매운맛 이외에 단맛, 쓴맛, 짠맛 등을 넣은 오랄초는 흰엿이 들어가 식초가 묽지 않고 약간 되직하므로 흰엿이 없으면 물엿이나 꿀로 대체하면 된다. 〈정조지〉에서 오랄초는 만두와 곁들여 먹거나 우렁이 국을 만들 때 넣는 조미용 식초로 소개한다. 오랄초가 국과 찌개, 나물 등에 들어가면 음식 맛이 껑충 올라가므로 오랄초를 요즘 다양한 쓰임새와 맛을 갖춘 양념인 '비법 양념', '만능 양념'에 비견할 수 있다. 오랄초에 화초나 후추, 산초, 귤피, 생강 등을 가루나 채로 넣기도 하지만 통으로 간장에 넣고 달인 뒤 식초를 넣으면 그 맛은 담백하지만 '매운맛[辣]'은 잘 살아 있는 '오랄초'가 된다.

* 간장 1술은 지금의 한 스푼 크기가 아니라 2~3배가 더 큰 크기로 짐작된다.

재료 간장 1술, 식초 4g, 흰엿 4g, 화초 5~7알, 후추 1~2알, 생강 조금

식초에 간장과 흰엿을 넣고 흰엿이 녹을 때까지 잘 섞은 다음 화초, 후추, 생강을 넣고 맛을 우려낸다.

개자장방(芥子醬方)

《임원경제지(林園經濟志)》〈정조지(鼎俎志)〉 권6 미료지류(味料之類)

〈정조지〉 권6 미료지류 양념 편 개자장에는 겨자씨를 손질하는 방법부터 겨자장을 만드는 방법까지 아주 자세하게 소개되어 있다. 겨자장의 핵심은 은은하고 순한 겨자씨에서 숨겨진 매운맛을 끌어내는 것이라고 하는데 이 겨자장은 밥을 넣는 것이 매운맛을 내는 비법인 것 같다. 누룩처럼 겨자씨를 법제하여 설레는 마음으로 겨자장을 만들지만, 곧 난관에 봉착한다. 겨자씨를 절구에 넣고 아무리 빻아도 겨자씨가 때글때글 그대로다. 가만히 살펴보니 절구의 홈 사이가 작은 겨자씨의 은신처가 되어 방망이를 피하고 있어 홈이 없는 절구로 찧다가 밥을 넣었는데 이번에는 밥과 겨자씨가 찰떡처럼 엉겨붙어 애를 먹는다. 된밥이나 진밥 등으로 밥을 특정하지는 않았기에 진밥으로 하는 것이 옳을 것 같아 진밥을 넣었더니 훨씬 더 수월하게 찧어진다. 이를 체에 내려 부뚜막에 올려놓고 김을 쐬었더니 아주 매콤한 향기와 맛을 내는 것이 시판용 겨잣가루로 만든 겨자장과는 비교가 되지 않았다. 겨자장은 밥이 들어가서인지 완성된 후에도 약간 보글거리며 발효를 한다. 밥을 넣어 찧은 겨자장은 거칠지 않고 부드러우며 맵다.

재료 겨자씨 150g, 흰밥 2T, 식초 2T, 청장 5t, 꿀 2T, 찬물

겨자씨에 흰밥을 넣고 찧어 체에 담고 찌꺼기를 거른 다음 자기 주발에 담아 찬물을 넣고 진흙처럼 뻑뻑하게 개어 수저로 휘젓는다. 주발 아가리에 김을 불어넣거나 열기를 쬐도록 하여 매운맛이 살아나면 그 주발을 축축한 땅 위에 엎어 두었다가 주발에 식초와 간장을 적당량 넣고 체로 쳐서 즙을 걸러 둔 다음 꿀을 넣는다.

겨자장

개장(芥醬)이라고도 하는 겨자장은 조선 왕실에서 개최한 잔칫상에 자주 올랐다. 1795(정조 19)년 음력 윤이월에 열린 혜경궁 홍씨의 회갑연을 정리한 《원행을묘정리의궤(園幸乙卯整理儀軌)》의 찬품(饌品)에도 겨자가 여러 번 나온다. 초장과 겨자장이 혼재되어 있는데 겨자장은 겨자 1홉, 잣, 꿀, 소금 1움큼으로 만든다고 기록되어 있다.

정조 때 유생 이옥(李鈺,1760~1815)은 정조가 과거 시험을 치른 유생을 위로하는 잔치에 내린 삶은 고기를 큰 대접에 담긴 황개즙(黃芥汁)에 자신만 찍어 먹었는데 맛이 좋았고 다른 사람들은 그냥 고기를 먹었다는 내용을 《백운필(白雲筆)》에 남겼다.

> 임자년(1792) 가을, 희정당(熙政堂) 앞뜰에서 책문(策問)에 대한 답안을 쓸 때, 궐내에서 유생(儒生)들에게 음식을 하사하였다. 음식 가운데 큰 그릇에 황개즙(黃芥汁)이 있었는데, 이는 삶은 고기를 위해 내놓은 것이었다. 그런데 여러 유생들은 모두 고기를 움켜 그냥 먹을 뿐 개장(芥醬)이 있는 줄을 알지 못하였다. 나 홀로 개장에 찍어 반 그릇을 먹었는데, 맛이 매우 좋았을 뿐더러 가슴이 시원스럽게 뚫리는 듯하였다.
>
> 壬子烌, 對策熙政堂前庭, 自內賜儒生盛饌, 饌品中, 有黃芥汁一大椀, 盖爲熟肉而設, 而諸生皆攫肉徒嚼之, 不知有芥醬. 余獨取而吸(汲)半椀, 味亦甚佳, 胸膈爲洞.
>
> 《완역 이옥 전집》, 이옥 지음, 실시학사고전문학연구회 옮김, 휴머니스트, 2009

혜경궁 홍씨의 회갑연을 그린 〈봉수당진찬도(奉壽堂進饌圖)〉
(서울대학교 규장각 한국학연구원)

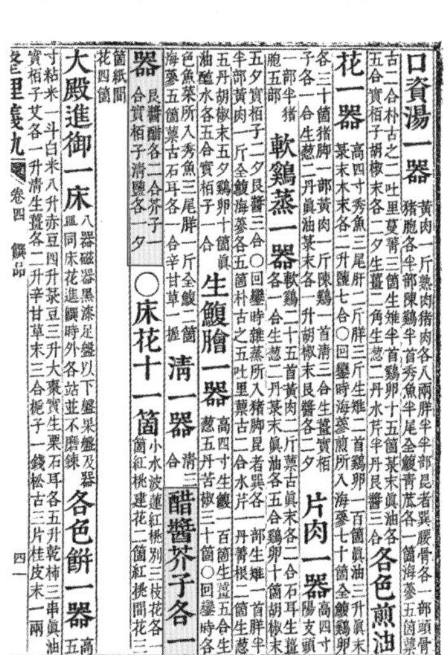

口資湯一器 黃肉一斤熟肉猪肉各八兩胖半半部昆者巽腰骨各一部頭骨猪胞各半部陳鷄半首秀魚半尾全鰒青苽各一箇海蔘五箇藁古二合朴古之二吐里蔓菁三箇生雉半首鷄卵十五箇菉末眞油各五合實栢子胡椒末各二夕生薑二角生葱二丹水芹半丹艮醬三合 各色煎油花一器 高四寸秀魚三尾肝二斤胖三斤生雉二首鷄卵一百箇眞油三升眞末菉末木末各二升鹽七合〇回鑾時海蔘煎所入海蔘七十箇全鰒鷄卵各三十箇猪脚一部黃肉一斤陳鷄一首淸三合生薑實栢子各一合生葱二丹眞油菉末各一升胡椒末艮醬各二夕 片肉一器 高四寸陽支頭一部半猪胞五部 軟鷄蒸一器 軟鷄二十五首黃肉二斤藁古眞末各二合石耳生薑各一合生葱二丹菉末眞油各五合鷄卵十箇胡椒末半部黃肉一斤全鰒海蔘各五箇朴古之五吐里藁古二合水芹一丹菁根二箇生葱五夕實栢子二夕艮醬三合〇回鑾時雜蒸所入猪脚昆者巽各一部生雉一首胖半五丹胡椒末五夕鷄卵十箇眞油醯水各五合實栢子一合 生鰒膾一器 高四寸生鰒一百箇生薑五合生葱五丹苦椒三十箇〇回鑾時各色魚菜所入秀魚三尾胖一斤全鰒二箇海蔘五箇藁古石耳各一合辛甘草一握 淸一器 淸三合 醋醬芥子各一器 艮醬醋各二合芥子一合實栢子淸鹽各一夕 〇床花十一箇 小水波蓮紅桃別三枝花各一箇紅桃建花二箇紅桃間花三箇紙間花四箇

大殿進御一床 八器磁器黑漆足盤以下盤果盤及器皿同床花進饌時外各站並不磨鍊 各色餠一器 高五寸粘米一斗白米八升赤豆四升菉豆三升大棗實生栗石耳各五升乾柹三串眞油實栢子艾各一升淸生薑各二升辛甘草末三合梔子一錢栝古三片桂皮末一兩

整理儀軌 卷四 饌品 四一

《원행을묘정리의궤(園幸乙卯整理儀軌)》〈찬품(饌品)〉
(서울대학교 규장각 한국학연구원)

홍화자방(紅花子方)

《임원경제지(林園經濟志)》〈정조지(鼎俎志)〉 권6 미료지류(味料之類)

〈정조지〉의 홍화자(紅花子)는 《증보산림경제(增補山林經濟)》에 나오는 '조홍화자법(造紅花子法)'과 식초를 넣어서 만든다는 점은 같지만, 그 쓰임이 다르다. 《증보산림경제》에서는 밥에 곁들이면 고기 맛이 나서 좋다고 하여 홍화자를 국의 개념으로 인식하지만, 선생은 〈정조지〉의 홍화자는 맛이 기름진 고기와 비슷해서 채소 음식에 넣으면 좋다고 하여 홍화자를 권6 미료지류 양념 편에 분류하였다.

홍화자와 조홍화자는 이름은 다르지만 조리 방법은 같다. 홍화씨는 절구에 찧으면 마치 진한 고깃국물처럼 끈적이는데 이를 체에 걸러 부드러운 부분은 취하고 거친 씨앗은 다시 절구에 찧기를 반복한다. 홍화자를 끓인 즙에 식초를 넣고 명주 천을 이용하여 홍화 건지를 떠내면 맑은 물이 떨어지고 두부와 같은 홍화씨 건지가 명주 천에 남는다. 이 건지에 소금을 넣은 다음 나물을 무치면 기름이나 양념이 들어가지 않아도 건강과 맛을 갖춘 특별한 나물이 만들어진다. 조홍화자는 붉은 기운의 색감을 강조하여 '조홍(造紅)'이라고 하였는데, 〈정조지〉에서 양념으로 분류된 홍화자가 어떻게 홍색을 만든다는 '조홍(造紅)'의 의미를 담아 조홍화자가 되었는지 알 수 없지만 서로 다른 모습으로 상 위에 올라 향기롭고 건강과 맛을 담고 있다는 공통점이 있다.

재료 홍화씨 2컵, 식초 2T

홍화씨를 물에 담갔다가 위에 뜬 것은 버리고 아래 가라앉은 것 중 깨끗한 것을 취한다.
절구에 홍화씨를 넣어 찧고 끓는 물에 담근 다음 나오는 즙을 취하고, 남은 홍화씨는 다시 찧어서 끓는 물에 넣어 졸인다. 즙이 끓어오르면 식초를 넣고 명주 천에 거른다.

홍화(紅花)

사람의 몸에 이로워서 이포(利布), 잇꽃(Safflower)이라 불리며 꽃이 붉고 잎이 쪽과 비슷하여 홍람화(紅藍花)라고도 한다. 노란 꽃으로 피어나 성숙하면서 색이 점점 붉어진다. 이 홍화가 담고 있는 황색, 적색, 홍색 빛을 활용한 염색이 가장 비싼 염색이었다. 홍화씨 기름으로 등불을 켜서 나오는 검댕은 홍화묵(紅花墨)이라 하여 최상품의 묵으로 쳤다. 홍화에서 채취한 홍화씨는 볶아서 물을 끓여 먹거나 기름을 짜서 먹는데 예로부터 부인병과 뼈 건강에 널리 쓰였다. 브라질에서는 홍화씨 분말을 생선이나 육류 스튜 등의 향신료로 사용한다. 홍화기름과 같이 사용하면 산뜻한 빨간색이 된다.

재료 큰 채과 4개, 소금 60g(채과 절이는 용), 두초 1되, 염두시 2홉, 엿 30g
1차 절임용 시라 15g, 회향 15g, 천초 15g, 차조기 20g, 귤피채 25g
2차 절임용 시라 15g, 회향 15g, 천초 15g, 차조기 20g, 귤피채 25g, 소금 20g

큰 채과를 물이 닿지 않도록 주의하며 속을 제거하고 두께 0.6cm, 너비 0.3cm가 되도록 썰어 소금에 절인 뒤 햇볕에 말린다. 두초에 염두시를 넣고 끓인 뒤 걸러서 두시를 제거하고 식초가 식으면 말린 채과, 엿, 시라, 회향, 천초, 차조기, 귤피채를 넣고 하룻밤을 둔 다음 햇볕에 말리고 다시 식초액에 담그기를 반복하는데 식초액이 다할 때까지 한다. 시라, 회향, 천초, 차조기, 귤피채를 소금과 버무려 하룻밤을 두어 말랑하게 한 다음 말려서 채과와 함께 섞은 뒤 물기를 닦고 잠깐 김을 올린 후 항아리에 넣고 시원한 장소에 보관한다.

과시방(瓜豉方)

《임원경제지(林園經濟志)》〈정조지(鼎俎志)〉 권6 미료지류(味料之類)

〈정조지〉 권6 미료지류 두시(豆豉) 중 '과시방(瓜豉方, 채과두시 만들기)'에 식초가 깜짝 등장한다. 채과두시의 식초 쓰임이 앞선 식초 음식들과 달리 특별하여《조선셰프 서유구의 식초 음식 이야기》의 마지막 식초 음식으로 소개한다. 채과두시는 음식 이름만 보면 전처리한 채소나 과일을 두시와 함께 절이는 것으로 생각되지만 의외로 두시보다는 식초가 주인공이다. 처음 거른 품질이 좋은 식초와 두시를 섞어 끓인 다음 두시는 제거한다. 두시의 풍미와 기능을 담은 식초에 엿, 시라, 회향, 천초와 소금에 절여 말린 채과를 함께 넣은 다음 볕에 말리고 담그기를 반복한 뒤 소금에 절인 자소, 귤피 등의 양념을 추가하여 보관하므로 두시와 향신채의 풍미를 더한 채과식초절임으로 보는 편이 명쾌할 것 같다. 과시를 만들기에 가장 좋은 시기는 삼복과 초가을 사이로, 이 시기의 늙은 채과를 사용해야 소금과 식초, 햇볕를 이겨낼 수 있는 힘을 갖게 되어 아작거리는 맛이 있는 과시가 만들어진다. 양념액이 다하도록 햇볕에 말린 채과는 농축된 진한 풍미가 눈으로도 느껴지고 아삭거리던 식감은 아작거리고 별 맛이 없던 채과는 시고 달고 짜고 쫀득하여 빈틈없이 꽉 찬 맛이란 이런 맛이라는 것을 보여 준다. 채과는 맑은 날이 지속되어야 만들 수 있는 자연이 내준 음식이다.

* 염두시(鹽豆豉) 만드는 방법은 〈정조지〉 두시(豆豉) 편 중 '함시(醎豉) 만들기'를 참고한다.

* 채과(菜瓜, Oriental pickling melon)는 지금은 울외라고 하는데 남아시아가 원산지로 월(越)나라에서 왔다고 월과(越瓜), 성숙하면서 흰색이 되므로 일본에서는 백과(白瓜)라고 한다. 채과는 별 맛이나 향기가 없고 껍질이 두꺼워서 그냥 먹기에는 적합하지 않으므로 소금에 절인 다음 말려서 장아찌로 먹는다.

두시(豆豉)

우리나라는 콩을 삶아서 찐 다음 뭉쳐서 발효시킨 메주를 만드는 된장이 있고 검은콩이나 흰콩을 삶은 뒤에 발효시킨 청국장과 비슷한 두시가 있다. 두시는 소금을 넣지 않고 발효시키는 담시(淡豉)와 소금을 넣고 발효시키는 함시(醎豉)가 있는데 함시는 짠 맛을 조절하여 용처(用處)에 맞게 사용한다. 서유구 선생은 〈정조지〉 권6 미료지류 두시 편 총론에서 시(豉)는 "즐긴다[嗜]"라는 뜻이 담겨 있다는 《석명(釋名)》을 인용하여 두시를 가지고 음식을 만들면 오미(五味)가 잘 조화되어 있어 사람들이 좋아하고 즐길만 하다고 기록하여 두시가 그만큼 요리에 빠져서는 안 되는 중요한 조미료임을 강조하셨다. 선생은 우리나라 사람들은 두시를 약으로만 제한하여 먹는 것을 안타깝게 여기며 중국처럼 두시를 반찬이나 조미료로 사용하는 것을 권장한다.

두시는 입안 가득 퍼지는 특유의 냄새가 있고 맛은 맵고 쓰며 성질은 차가워 몸의 열을 내리고 울체된 기운을 부드럽게 풀어주고 소화를 돕는다.

함시(醎豉)

함두시는 콩을 물에 불린 다음 쪄서 낟알로 발효시킨 뒤 소금과 향신채를 넣은 다음 항아리에 넣어 오뉴월의 뜨거운 햇볕을 1달 정도 쪼인다. 두시로 향미가 뛰어날 뿐 아니라 소금이 들어가 오미의 균형이 잘 잡혀 있다. 콩은 소금에 절여져 있기에 천천히 숙성되면서 누런빛이 검은빛으로 변하여 모양이 쭈글쭈글해진다. 소금의 짠맛과 콩의 단맛이 주장이 되어 신맛, 감칠맛이 만들어진다. 특히, 함시에 넉넉하게 넣은 생강채와 귤피가 발효콩 특유의 이취를 제거하고 살구씨가 살짝 세련미(味)를 더해준다. 햇볕이 조리를 해서인지 마른 콩알 하나하나에서 강한 기운이 느껴진다.

재료 메주콩 5kg, 소금 1.1kg, 생강채 500g, 귤피 300g, 산초 50g, 소회향 30g, 살구씨 30g
도구 삿자리

메주콩을 물에 담근 뒤 일어 찌고 삿자리에 펼친 뒤 곰팡이가 피면 깨끗이 손질하 여 말린 뒤 소금, 생강채, 산초, 귤피, 소회향, 살구씨를 넣고 독에 넣은 뒤 물을 붓고 잎으로 덮은 다음 이를 한 달 정도 볕에 쪼인다.

〈정조지〉 원문

영롱발어(玲瓏撥魚) 만들기(영롱발어방)

흰 밀가루 1근을 된 풀처럼 반죽하고, 기름진 쇠고기나 양고기 0.5근을 콩알 크기로 잘게 썬 뒤 반죽에 넣어 골고루 젓는다. 숟가락으로 떠서 팔팔 끓는 물에 넣으면 면은 끓으면서 불어나고 고기는 끓으면서 쪼그라든다. 다 익으면 면은 뜨고 고기는 반죽에서 빠져나와서 가라앉기 때문에 고기가 빠져나간 흔적이 있는 면의 모양이 영롱한 무늬와 같다. 소금·간장·후추·생강·식초 등으로 간을 하여 먹으면 매우 맛이 있다.《거가필용》

玲瓏撥魚方

白麪一斤調如稠糊, 以肥牛肉或羊肉半斤, 碎切如豆大, 入糊攪均. 用匙撥入滾湯, 則麪見湯開, 肉見湯縮. 候熟, 麪浮肉沈如玲瓏狀. 下鹽醬、椒薑、醋等和食之, 極有味.《居家必用》

《임원경제지(林園經濟志)》〈정조지(鼎俎志)〉 권2 구면지류(糗麪之類)

어포자(魚包子, 생선포자) 빚기(어포자방)

전체 분량마다 생선살 5근【잉어·쏘가리 모두 괜찮다】(버들잎 모양으로 썬 것), 양비계 10냥(깍둑썰기한 것), 돼지허구리살 8냥(버들잎 모양으로 썬 것), 소금·간장 각 2냥, 귤피 2개(가늘게 썬 것), 파채 15줄기(참기름에 파를 볶은 것), 익힌 생강채 1냥, 천초 가루 0.5냥, 세료물(細料物) 1냥, 후추 0.5냥, 행인 30알(곱게 간 것), 식초 0.1승을 준비한다. 면견(麪牽)은 다른 만두와 같다.《거가필용》

魚包子方

每十分, 淨魚五斤【鯉、鱖皆可】(柳葉切.)、羊脂十兩(骰塊切)、猪膘八兩(柳葉切)、鹽·醬各二兩、橘皮二箇(細切)、蔥絲十五莖(香油炒)、熟薑絲一兩、川椒末半兩、細料物一兩、胡椒半兩、杏仁三十粒(研細)、醋一合. 麪牽同.《居家必用》

《임원경제지(林園經濟志)》〈정조지(鼎俎志)〉 권2 구면지류(糗麪之類)

총자(葱炙, 파구이) 만들기(총자방)

입춘이 지난 뒤에 땅광 안에서 기른 여린 황총(黃葱, 노랗게 새로 난 파)을 가져다가 수염뿌리를 제거하고 데친 다음 대나무 꼬챙이로 꿴다. 이를 칼등으로 가볍게 찧어 평평하게 눌러 준 다음 기름간장에 밀가루를 반죽하여 두껍게 바른 뒤, 숯불에 푹 굽고 좋은 술을 탄 식초를 끼얹어 담아낸다. 여름과 가을에 만든 총자는 맛이 떨어진다.《증보산림경제》

葱炙方

立春後, 取窖中養芽嫩黃葱, 去根鬚焯過, 竹簽貫之, 以刀背輕擣按平, 油醬溲麫麪厚塗之, 炭火炙熟, 澆好酒醋供之. 夏秋作者味遜.《增補山林經濟》

《임원경제지(林園經濟志)》〈정조지(鼎俎志)〉 권4 교여지류(咬茹之類)

초과(醋瓜, 식초절임오이) 만들기(초과방)

작은 오이를 2편으로 가르고 또 가로로 썰어 얇은 편으로 만든 다음 소금을 치지 않고 볕에 말린다. 이를 생강채·설탕·식초와 고루 섞은 다음 깨끗한 단지 안에 넣어 10여 일이 지나면 먹을 수 있다.《군방보》

醋瓜方

稍瓜分二片, 又橫切作薄片, 淡曬. 薑絲、糖、醋拌均, 納淨罈內, 十數日卽可用.《群芳譜》

《임원경제지(林園經濟志)》〈정조지(鼎俎志)〉 권4 교여지류(咬茹之類)

산가(蒜茄, 마늘절임가지) 만들기(산가방)

늦가을에 작은 가지를 따서 꼭지를 제거하고 가른 뒤 깨끗이 닦는다. 일반 식초 1사발, 물 1사발을 섞어 뭉근하게 달인다. 여기에 가지를 데치고, 널어서 물기를 말린다. 가지는 곱게 찧은 마늘에 소금과 섞은 다음 식혀 놓은 식초물과 고루 섞어 자기단지 안에 넣는다.《거가필용》

蒜茄方

深秋摘小茄兒, 擘去蔕, 揩淨. 用常醋一碗、水一碗, 合和煎微沸. 將茄兒焯過, 控乾, 擣碎蒜, 幷鹽和, 冷定醋水拌均, 納磁罈中.《居家必用》

《임원경제지(林園經濟志)》〈정조지(鼎俎志)〉 권4 교여지류(咬茹之類)

황화채(黃花菜, 넘나물) 만들기(황화채방)

황화채(黃花菜)【곧 훤초화(萱草花, 원추리꽃)이며, 민간에서는 '광채(廣菜)'라 한다】가 6~7월에 꽃이 한창 필 때, 꽃술을 제거하고 깨끗한 물에 약간 끓여 1번 끓어오르면 식초를 섞어 먹는다. 입안에 들어가면 선계(仙界)의 맛이 느껴진다. 부드럽고 매끄러우며 탁 트이면서 담박하여 그 맛이 송이보다 뛰어나니, 채소 중에 으뜸이다.

【 안 꽃을 딸 때는 꽃받침을 제거해서는 안 된다. 《본초강목(本草綱目)》에 "지금 동쪽 지방 사람들은 그 꽃받침을 딴 뒤 말려서 파는데, 이를 황화채(黃花菜)라 이름한다."라 했다 】《월사집(月沙集)》

초봄에 여린 싹을 삶아서 국을 끓인다. 데쳐서 초간장을 끼얹어 먹어도 된다.《증보산림경제》

黃花菜方

黃花菜【卽萱草花, 俗名"廣菜"】六七月間花方盛, 去花鬚, 淨水微煎一沸, 和醋食之. 入口覺有仙味, 柔滑疏淡, 味勝松茸, 菜中第一也.

【 案 採花, 勿去跗.《 本草綱目 》云 : "今東人採其花跗, 乾而貨之, 名爲黃花菜."】《月沙集》

春初嫩芽可煮作羹, 亦可煠熟澆醋醬食.《增補山林經濟》

《임원경제지(林園經濟志)》〈정조지(鼎俎志)〉 권4 교여지류(咬茹之類)

식향나복(食香蘿菔, 식향을 가미한 무) 만들기(식향나복방)

식향을 가미한 무 만드는 법 : 단단하고 속이 꽉 찬 흰 무를 작은 덩어리로 썰어 2일간 볕을 쬔다. 무 1근마다 소금 1냥을 넣고 절였다가 베에 싸고 주물러 물기를 짠다. 다시 볕에 쪼이고 또 주물러 물기를 짜고, 다시 볕에 쪼이고 또 주물러 물기를 짜서 적당하게 말린다. 무 1근마다 백설탕 4냥, 식초 1사발, 소회향·화초·사인·진피 각 0.1냥을 곱게 빻은 다음 이를 무와 고루 섞은 뒤, 자기항아리에 저장해 둔다. 청과정(靑瓜丁, 오이를 설탕과 향료에 절인 음식)도 이 방법에 의거하여 만들 수 있다.《군방보》

食香蘿菔方

香蘿菔法 : 白蘿菔堅實者, 切小塊, 晾二日. 每一斤, 鹽一兩淹過, 布揉去水. 再晾又揉, 又晾又揉, 乾濕得宜. 每一斤, 用白沙糖四兩、醋一碗、小茴香·花椒· 砂仁·陳皮各一錢, 擣細拌均, 磁罐收貯. 靑瓜丁亦可照此法做.《群芳譜》

《임원경제지(林園經濟志)》〈정조지(鼎俎志)〉 권4 교여지류(咬茹之類)

와순채(萵筍菜, 상추꽃대나물) 만들기(와순채방)

상추는 4월에 꽃대가 3~4척 정도 자랐을 때, 꽃대의 껍질을 벗기고 날로 먹으면 맛이 맑고 부드럽다. 술지게미에 절여 먹어도 좋다. 강동 지방 사람들은 상추꽃대를 소금에 절여 볕에 말렸다가 견실하게 눌러서 방물(方物)로 쓰는데, 이것을 '와순(萵筍)'이라 한다. 《군방보》

萵筍菜方

萵苣四月抽薹高三四尺, 剝皮生食, 味淸脆, 糟食亦佳. 江東人鹽曬壓實, 以備方物, 謂之"萵筍". 《群芳譜》

《임원경제지(林園經濟志)》〈정조지(鼎俎志)〉 권4 교여지류(咬茹之類)

동호채(茼蒿菜, 쑥갓나물) 만들기(동호채방)

줄기와 잎이 붙은 채로 끓는 물에 데쳐서 간장 섞은 식초를 끼얹어 먹는다【안 겨자 섞은 간장을 끼얹으면 맛이 더욱 맵고 향기롭다. 동노(東魯, 산동)의 왕정(王禎)이 "채소 가운데 독특한 맛이 있는 것이다."라 한 말은 참으로 그렇다】. 《증보산림경제》

茼蒿菜方

連莖葉沸湯焯過, 澆醬醋食之【案 澆以芥子醬, 味尤辛香. 東魯王氏所謂"菜中之有異味者."信矣】. 《增補山林經濟》

《임원경제지(林園經濟志)》〈정조지(鼎俎志)〉 권4 교여지류(咬茹之類)

호유제(胡荽虀, 절임고수) 만들기(호유제방)

고수김치[胡荽菹] 만드는 방법 : 고수를 끓는 물에 데쳐 꺼낸 다음 큰 항아리 안에 넣고 따뜻한 소금물에 하룻밤을 담가 둔다. 다음날 물을 길어 고수를 깨끗이 씻은 다음 다른 그릇에 고수를 소금·식초와 함께 넣고 담그면 맛이 향기롭고 빼어나며 쓰지 않다.

【안 이것에 비록 '저(菹, 김치)'로 이름을 붙였지만, 실제로는 제법(虀法, 절임법)이다】《제민요술》

胡荽虀方

作胡荽菹法 : 湯中渫出之, 著大甕中, 以煖鹽水經宿浸之. 明日, 汲水淨洗, 出別器中, 以鹽、酢浸之, 香美不苦.

【案 此雖以菹爲名, 其實虀法也】《齊民要術》

《임원경제지(林園經濟志)》〈정조지(鼎俎志)〉 권4 교여지류(咬茹之類)

순여(蓴茹, 순채나물) 만들기(순여방)

4월에 채취하여 끓는 물에 1번 데친 다음 흐르는 물에 헹군 뒤, 생강·식초와 함께 먹는다. 또한 고깃국을 끓여도 좋다. 《증보도주공서》

蓴茹方

四月採之, 滾水一焯, 落水漂用, 以薑、醋食之. 亦可作肉羹. 《增補陶朱公書》

《임원경제지(林園經濟志)》〈정조지(鼎俎志)〉 권4 교여지류(咬茹之類)

상루여(蔏蔞茹, 물쑥나물) 만들기(상루여방)

상루(蔏蔞, 물쑥)는 지대가 낮은 논에서 자라는데, 강서 지역에서는 이것으로 생선국을 끓인다. 육기(陸璣)의 《모시초목조수어충소(毛詩草木鳥獸魚蟲疏)》에는 "상루의 잎은 쑥과 같으며 흰색이다. 쪄서 나물을 만들 수 있다."라 했다. 이는 곧 《시경》〈한광(漢廣)〉 편에서 말한 '그 루(蔞, 물쑥)를 벤다.'의 '루'일 것이다.

어린 줄기는 잎을 제거하고 끓는 물에 데친 다음 기름소금과 식초를 뿌려 나물을 만든다. 간혹 고기를 더하기도 한다. 향기롭고 연하여 참으로 아낄 만하다. 《산가청공》

蔏蔞茹方

蔏蔞生下田, 江西以羹魚. 陸《疏》云 : "葉似艾, 白色. 可蒸爲茹." 卽《漢廣》言 "刈其蔞"之蔞矣.

嫩莖去葉湯焯, 用油鹽、苦酒沃之爲茹. 或加以肉, 香脆良可愛. 《山家淸供》

《임원경제지(林園經濟志)》〈정조지(鼎俎志)〉 권4 교여지류(咬茹之類)

숭증(菘烝, 배추찜) 만들기(숭증방)

어린 배추를 줄기와 잎이 붙은 채로 끓는 물에 데친다. 다시 생강·산초·총백·고기 등의 양념과 함께 푹 쪄서 상에 올린다. 말린 새우살을 더하면 더욱 맛이 좋다. 《증보산림경제》

菘烝方

嫩菘連莖葉, 沸湯焯過. 更同薑、椒、葱白、肉料, 烝熟薦之. 加乾蝦肉尤美. 《增補山林經濟》

《임원경제지(林園經濟志)》〈정조지(鼎俎志)〉 권4 교여지류(咬茹之類)

채소 쪄서 말리기(증건채방)

3~4월 사이에 큰 포기의, 품질이 좋은 채소를 골라서 깨끗이 씻고 물기를 말린다. 이를 끓는 물에 넣고 데쳐서 5/10~6/10이 익으면 볕에 말린다. 이를 소금과 간장, 시라(莳蘿), 화초(花椒, 산초), 설탕, 귤껍질을 넣고 함께 푹 익힌다. 이를 꺼내서 또 볕에 말리고, 아울러 편으로 잘라 찔 때는 자기그릇에 저장해 둔다. 사용할 때 향유를 발라 주무른 뒤, 식초를 약간 넣고 자기그릇에 넣은 다음 밥 위에 올려 쪄 먹는다.《중궤록》

烝乾菜方

三四月間, 將大窠好菜擇, 洗淨乾, 入沸湯內焯, 五六分熟, 曬乾. 用鹽醬、莳蘿、花椒、砂糖、橘皮同煮極熟. 又曬乾, 幷烝片時, 以磁器收貯. 用時, 著香 油揉, 微用醋, 飯上烝食.《中饋錄》

《임원경제지(林園經濟志)》〈정조지(鼎俎志)〉 권4 교여지류(咬茹之類)

천리포(千里脯) 만들기(천리포방)

소고기·양고기·돼지고기로 모두 만들 수 있다. 살코기 1근에 진한 술 2잔, 묽은 식초 1잔, 흰 소금 0.4냥【겨울에는 0.3냥】, 회향·화초 가루 0.1냥을 섞어 하룻밤 동안 묵힌 다음 중간불로 삶는다. 이를 다시 볕에 쬐어 즙을 말리면 맛이 빼어나고 좋다. 1개월 동안 두고 먹을 수 있다.《준생팔전》

千里脯方

牛、羊、猪肉皆可. 精者一斤、醲酒二盞、淡醋一、白鹽四錢【冬則三錢】、茴香·花椒末一錢, 拌一宿, 文武火煮. 令汁乾曬之, 妙絶. 可安一月.《遵生八牋》

《임원경제지(林園經濟志)》〈정조지(鼎俎志)〉 권5 할팽지류(割烹之類)

우육과제(牛肉瓜虀) 만들기(우육과제방)

소고기 10근마다 큰 편으로 자른다. 이를 고운 양념 1냥, 소금 4냥과 고루 섞은 다음 절여서 하룻밤을 둔다. 다음날 일찍 뒤적여 다시 한나절 절였다가 꺼낸다【이것은 봄과 가을에 절이는 법이다. 여름 복날에는 한나절만 절이고, 겨울에는 3일간 절인다】.

참기름 10냥을 뜨겁게 달군다. 고기를 참기름이 든 솥에 집어넣고 쉬지 않고 휘젓는다. 기름이 다 마르면 앞서 고기를 절인 소금물을 부어 넣은 다음 다시 볶는다. 여기에 진한 식초를 고기 위로 손가락 두께 절반 높이로 올라가게 부어 넣는다. 이를 뭉근한 불로 졸여 3~5번 끓으면 간장을 조금 넣는다. 뭉근한 불로 삶다가 즙이 마르면 건져내어 체에 거르고 마를 때까지 펼쳐 놓는다.

만일 오래 두고 싶을 때는 고기 1근마다 소금 0.6냥, 술과 식초 각 0.5잔을 넣으면 해가 지나도 상하지 않는다. 돼지고기·양고기도 모두 된다.《거가필용》

牛肉瓜虀方

每十斤, 切作大片, 細料物一兩、鹽四兩拌均, 醃過宿. 次早翻動, 再醃半日, 控出【此春秋醃法. 夏伏醃半日, 冬醃三日】.

用香油十兩煉熟, 傾肉下鍋, 不住手攪. 候油乾, 傾入醃滷再炒, 用釅醋傾入上指半高. 慢火熬三五滾, 下醬些少. 慢火煮, 令汁乾, 漉出, 篩子攤曬乾爲度.

如要久留, 肉每斤, 用鹽六錢、酒·醋各半盞, 經年不壞. 猪、羊皆可.《 居家必用 》

《임원경제지(林園經濟志)》〈정조지(鼎俎志)〉 권5 할팽지류(割烹之類)

육회(肉膾) 만들기(육생방)

살코기를 아주 얇게 편으로 자르고 간장과 기름에 깨끗이 씻는다. 이를 불로 벌겋게 달군 노구솥에 넣고 살짝 볶아 핏물을 제거한다. 고기색이 약간 하얘지도록 익으면 좋다. 이를 꺼내어 채 썬다. 다시 장에 절인 오이·술지게미에 절인 무·마늘·사인(砂仁)·초과(草果)·화초·귤껍질채·참기름을 넣어서 채 썬 고기와 함께 잘 섞고 볶는다. 먹을 때는 식초를 더하여 고루 섞어 먹으면 맛이 매우 좋다.《중궤록》

肉生方

用精肉切細薄片子, 醬油洗淨. 入火燒紅鍋, 爆炒, 去血水, 微白卽好. 取出切成絲, 再加醬瓜、糟蘿菔、大蒜、砂仁、草果、花椒、橘絲、香油, 拌炒肉絲. 臨食, 加醋和均食之甚美.《中饋錄》

《임원경제지(林園經濟志)》〈정조지(鼎俎志)〉 권5 할팽지류(割烹之類)

대합회(합회) 만들기(합회방)

대합조개는 살을 깨끗이 씻은 다음 얇게 저며 회를 친다. 이를 본래의 대합조개껍질 안에 담는다. 파·마늘·고추를 실처럼 채로 썰어서 대합조개회 위에 골고루 흩어 뿌린 다음 초간장 또는 겨자장과 함께 상에 올린다.《옹치잡지》

蛤膾方

大蛤取肉淨洗, 薄批爲膾, 盛本甲內. 將蔥、蒜、蠻椒子, 縷切撒其上, 蘸醬醋或芥子醬, 供之.《饔饎雜志》

《임원경제지(林園經濟志)》〈정조지(鼎俎志)〉 권5 할팽지류(割烹之類)

오랄초(五辣醋) 만들기(오랄초방)

간장 1술, 식초 0.1냥, 흰엿 0.1냥, 화초 5~7알, 후추 1~2알, 생강 0.01냥. 또는 마늘 1~2쪽을 더하면 더욱 빼어나다.《준생팔전》

五辣醋方

醬一匙、醋一錢、白餹一錢、花椒五七粒、胡椒一二粒、生薑一分. 或加大蒜一二片更妙.《遵生八牋》

《임원경제지(林園經濟志)》〈정조지(鼎俎志)〉 권6 미료지류(味料之類)

겨자장(개자장) 만들기(개자장방)

겨자장 만드는 법 : 겨자가 익을 때마다【붉은 겨자는 좋지 않으니 반드시 누런 겨자를 취한다】 씨를 취하여 물에 4~5일 담갔다가 따뜻한 곳에 둔다. 수면에 저절로 거품이 동그랗게 일어나면 곧 걸러내어 햇볕에 말리고 거두어 둔다.
【다른 법 : 겨자를 일어 모래와 돌을 제거한 다음 낮에는 햇볕에 말리고 밤에는 이슬을 맞혀 4~5일 뒤에 거두면 쓴맛이 없어진다】

쓸 때마다 겨자씨 0.1승에 흰멥쌀밥 0.5술을 넣고 함께 찧어 가루 낸 뒤, 체로 쳐서 찌꺼기를 제거한다. 이를 자기주발에 담고 찬물을 떨어뜨려 진흙처럼 만드는데, 매우 빽빽하게 해야 한다. 이를 수저로 휘젓고 주발아가리에 김을 불어 넣어【또는 불 위쪽을 향하여 열기를 쬐면 조금 뒤에 매운 기운이 살아난다】 매운 기운이 나오면 곧 그 주발을 축축한 땅 위에 엎어 둔다.
조금 뒤에 이를 가져다 식초와 간장을 적당량 섞고 체로 쳐서 즙을 걸러낸다. 여기에 꿀을 조금 더하거나, 참기름을 조금 더하면 매운 성질이 조금 줄어들 것이다. 만약 쓰고 남은 것이 있을 경우 병에 넣고 아가리를 밀봉하면 10여 일을 쓸 수 있으며, 맛도 변하지 않는다. 바람 맞지 않도록 조심해야 한다. 바람이 들어가면 맛이 써질 염려가 있기 때문이다.《증보산림경제》

芥子醬方

芥子醬法 : 每於芥子熟時【赤芥不佳, 必取黃芥】, 取, 浸水四五日, 置溫處. 待水面自然起作泡毬子, 卽漉出, 曬乾收之.
【一法 : 芥子淘去沙石, 日曬夜露, 四五日後, 收之則無苦味】

每用時, 取一合, 投白粳米半匙, 同擣作末, 篩去滓. 盛磁碗中, 滴冷水作泥, 要極稠. 以匙攪之, 以口噓入氣【或向火上熏, 片時生辣氣】, 待出辣氣, 卽以其碗覆於濕地上.
少頃取起, 和醋、醬適宜, 篩漉汁. 小加蜜, 或少加芝麻汁, 則烈性少減矣. 如有用餘者, 納甁中密封口, 可留十餘日, 味不變. 愼勿透風, 恐致味苦.《增補山林經濟》

《임원경제지(林園經濟志)》〈정조지(鼎俎志)〉 권6 미료지류(味料之類)

양념홍화씨(홍화자) 만들기(홍화자방)

홍화씨를 일어서 뜬 것을 제거하고 절구에 넣어 곱게 찧은 다음 끓는 물에 넣어 즙을 낸다. 다시 찧고 다시 달이는데, 즙이 솥 안에서 끓어오르면 식초를 떨어뜨리고 명주로 홍화씨를 떠낸다. 맛이 기름진 고기와 비슷하여 채소 음식에 넣으면 매우 맛이 좋다. 《거가필용》

紅花子方

淘去浮者, 碓內擣碎, 入湯泡汁. 更擣更煎, 汁鍋內沸, 入醋點, 絹挹之. 似肥肉, 入素食, 極珍美. 《居家必用》

《임원경제지(林園經濟志)》〈정조지(鼎俎志)〉 권6 미료지류(味料之類)

채과두시(과시) 만들기(과시방)

큰 채과 20개는 박 속을 제거하고 물이 닿게 해서는 안 된다. 두께는 0.2척으로 넓고 길게 썬 뒤, 가락 너비가 0.1척 정도가 되도록 썬다. 소금 8냥으로 이틀 밤을 절이고 건져내어 볕에 말린다.

다음으로는 두초(頭醋) 5승, 염두시(鹽豆豉) 1승을 함께 달여 4~5번 끓으면 두시를 제거한다. 다만 달인 식초는 식게 두고 여기에 엿 4냥을 넣는다. 시라·회향·천초·차조기·귤피채를 채과와 함께 식초 안에 모두 넣고 하룻밤 담갔다가 건져내서 볕을 쪼인다. 마르면 다시 담갔다가 또 볕에 쪼이는데, 물기가 다 마르고 엿과 식초도 볕에 마를 때까지 쪼인다.

여기에 시라·회향·천초·차조기·귤피채를 더한다. 이에 앞서 이를 약간의 소금에 하룻밤 담갔다가 주물러 말린다. 그런 뒤에 채과 안에 넣는데, 먼저 물기를 제거하여 흰 골마지가 피는 것을 방지한다. 만드는 때는 삼복(三伏, 초복·중복·말복) 중으로 모두 가을 이전이 좋다. 《거가필용》

瓜豉方

菜瓜大者二十條去瓤, 不可經水. 切作厚二寸闊長, 條闊一寸許. 用鹽八兩淹二宿, 漉出曬乾.

次用頭醋五升、鹽豆豉一升, 同煎四五沸, 去豆豉. 只用所煎之醋放冷, 入糖四兩. 蒔蘿、茴香、川椒、紫蘇、橘皮絲, 同瓜兒竝入於醋內, 浸一宿, 漉出曬, 待乾, 又浸又曬, 以浥盡糖、醋曬乾爲度.

加蒔蘿、茴香、川椒、紫蘇、橘皮絲, 先用鹽少許浸一宿, 揉乾. 然後入瓜兒內, 先去其水氣, 防烝白醭. 造時, 三伏中竝秋前可也.《居家必用》

《임원경제지(林園經濟志)》〈정조지(鼎俎志)〉 권6 미료지류(味料之類)

이 장에서는 지혜로운 선인들이 식초로 어떤 음식을 만들어 먹었는지를 〈정조지〉 이외 《규합총서(閨閤叢書)》, 《음식디미방》, 《조선무쌍신식조리제법》 등의 고조리서에 나와 있는 식초 음식을 통해서 알아보기로 한다. 고조리서 속의 식초 음식은 조리법은 단출해도 일정한 맛과 개성이 부여된다는 공통점과 사용된 양념의 가짓수가 많아도 식초가 맛을 조율하여 음식에 맛과 개성을 동시에 부여한다는 공통점을 가지고 있다.
고조리서 속의 식초 음식을 복원하면서 채소에 식초를 더한 많은 음식이 사라진 것과 식초가 간장, 겨자와 함께 우리 음식의 근간이 되는 조미료였다는 것도 알게 되었다. 고조리서 속에서 잠자고 있는 우리의 소중한 식초 음식을 깨우고 이를 바로 세우는 일이 한식이 세계의 음식으로 도약하는 데 큰 계기가 되리라 생각하며 채소, 고기, 생선 등에 활용된 고조리서 속의 식초 음식을 소개한다.

제2장

고조리서 속 다양한 식초 음식

수라화(水喇花)

《산가요록(山家要錄)》

식초가 들어간 면 음식을 찾다가 수라화를 발견한 순간 가슴에 꽃이 활짝 피어난다. 왕이 드시는 음식을 수라라고 하는데 여기에 꽃까지 들어간 음식은 얼마나 곱고 화려할까? 라며 들뜬 마음을 안고 조리법을 들여다본다. 수라화가 밀가루를 반죽하여 얇게 민 뒤 작은 못 모양으로 만들어 삶은 다음 마늘과 생강이 들어간 초간장과 함께 먹는 참으로 소박한 음식이었다. 작은 못을 닮은 하얀 면을 바라보는데 그 모습이 앙증맞고 사랑스러워 괜스레 웃음이 난다. 파스타를 나비, 조개 등 다양한 모양으로 만드는 것처럼 우리 면의 모습도 그러하였다는 것이 흐뭇하기도 하고 수라화를 잊었다는 것이 슬프기도 하다. 간장과 식초에 마늘과 생강을 넣어 매운맛을 더해 더욱 산뜻한 수라화는 은은한 밀의 풍미를 잘 살려 준다. 세종이 먹었을 사랑스러운 수라화는 현군(賢君)이었던 세종의 밥상에 피는 흰 꽃과 같은 음식이다. 포크로 찍어 먹어야 어울릴 것 같은 수라화를 수저로 먹었는지 젓가락으로 먹었는지 궁금하다.

재료 밀가루 3컵, 물 1/2컵
초간장 재료 소금 4g, 식초 30mL, 간장 10mL, 생강 1쪽, 마늘 3톨

밀가루에 물을 넣고 반죽하여 밀대로 얇게 민 다음 칼로 썰어 작은 못 모양으로 만들어 삶은 뒤에 찬물에 뜨거운 기운이 없도록 식힌 후 마늘과 생강이 들어간 초간장과 함께 먹는다.

마늘장아찌

《조선요리법(朝鮮料理法)》

마늘은 대부분의 우리 음식 맛에 깊이를 더하고 식욕과 향미를 끌어올린다. 초여름 무렵이면 덜 영근 풋마늘을 까느라 손끝은 화끈거리지만 일 년 반찬인 마늘장아찌를 담근다는 흐뭇함에 아픈 것조차 행복하다. 풋마늘은 매운맛은 독하지만, 조직이 연해서 매운 성분이 잘 빠져나가고 새콤한 맛은 잘 스며들어 장아찌를 담그기에 제격이다. 마늘장아찌는 자체가 독해서 변질이 되지 않고 톡 쏘는 맛과 아삭한 식감까지 갖추어서 사계절 내내 좋지만, 여름을 건강하게 나는 데 큰 도움을 주는 장아찌다. 장아찌 속의 마늘은 고기를 먹을 때 같이 먹으면 건강하게 고기를 먹었다는 안도감을 주고 장아찌 국물은 호박전이나 부추전에 곁들이면 알싸하면서 깔끔한 것이 그냥 초간장과는 비교가 되지 않았다. 마늘의 알리신은 항균 작용이 뛰어나 여름철에 걸릴 수 있는 각종 전염병과 식중독을 예방하고 면역력을 길러 주어 여름철을 건강하게 날 수 있게 하였다. 마늘을 식초에 절인 뒤 설탕에 버무려 장아찌를 담그는 방법은 마늘창국과 일면 비슷하다. 생강과 고추가 들어가 매운맛과 청량감을 더한 마늘장아찌는 맛과 쓰임을 겸비한 최고의 건강식이다. 마늘장아찌는 항산화 능력이 아주 뛰어나므로 식사 때마다 꼭 서너 개씩 먹는 것이 좋다.

재료 풋마늘 400g, 식초 240mL, 설탕 1.5컵, 진간장 500mL, 통고추 8개, 생강 2톨

풋마늘은 겉껍질을 까고 깨끗이 씻어서 물기를 제거한 다음 식초에 마늘이 잠기도록 하여 1주일을 절인다. 절인 마늘은 건져서 물기를 뺀 다음 그릇에 담고 설탕에 버무려 하룻밤을 재운다. 설탕에 절인 마늘을 항아리에 담고 진간장을 마늘이 잠기도록 붓고 자른 통고추와 생강을 넣는다. 3일이 지나면 간장을 따라서 끓인 다음 서늘하게 식혀서 붓는데 2회 정도 더 끓여서 붓는다.

마늘의 녹변 현상

마늘은 냄새를 제외하고 100가지의 이로움이 있다고 하여 일해백리(一害百利)라고 부른다. 《삼국사기(三國史記)》에 입추(立秋) 후 해일(亥日)에 마늘밭에서 후농제(後農祭)를 지냈다고 기록되어 있어 고래(古來)로부터 마늘은 중요한 작물이었음을 알 수 있다. 항산화 작용이 뛰어난 마늘을 먹기 위해 마늘장아찌를 담갔다가 마늘이 녹색으로 변하여 당황하게 된다. 대부분의 음식은 색이 변하면 변질되었음을 의미하므로 마늘이 녹색으로 변하면 버려야 되는지 먹어야 하는지 고민을 하게 된다. 녹변된 마늘은 전혀 몸에 유해하지 않고 다만, 보기에 좋지 않을 뿐이다. 마늘이 녹색으로 바뀌는 녹변 현상은 매운맛을 내는 아닐린(Aniline) 성분이 분해되는 즉, 조직 내 효소가 반응을 일으키기 때문에 일어나는 자연스러운 현상이다. 특히 햇마늘을 까서 바로 장아찌를 담글 때보다 미리 까 둔 마늘로 장아찌를 담글 때 녹변 현상이 심한데 이는 마늘이 햇빛에 노출될수록 마늘 속의 엽록소가 활성화되기 때문이다. 녹변된 마늘은 숙성될수록 녹색이 사라지므로 크게 신경쓰지 않아도 되지만 녹색으로 인해 식욕이 떨어진다면 마늘장아찌 국물을 끓여서 부어 주면 녹변된 마늘이 제 색을 찾는다

누호(蔞蒿, 물쑥) **말리기**(건누호방)

어린 누호싹을 끓는 물에 데쳐 장수(漿水)에 담가 놓으면 누호절임이 된다. 만약 맑은 물이나 석회수·반수(礬水)로 절임을 헹궈서 강한 맛을 제거하고 볕에 말리면 오래 두었다가 음식을 만들 수 있다. 절여서 불에 말리면 향이 매우 좋다. 《군방보》

《임원경제지》〈정조지〉 권4 교여지류 '건채(乾菜)'

물쑥나물

《조선요리법(朝鮮料理法)》

"임진강 가에는 물쑥이 지천으로 널려 있어서 물쑥을 많이 먹고 자랐지요." 여전히 임진강에 살며 물쑥을 연구하는 분의 말을 듣는 순간, '서유구 선생도 임진강 가의 물쑥을 많이 드셨겠구나'하는 생각이 든다. 선생은 소금에 절인 물쑥을 말리면 오래 두고 먹을 수 있다고 하여 물쑥의 저장법에 대해 알려 주신다. 강가나 습지에서 자라는 물쑥은 '누호(蔞蒿)'라고도 하는데 강의 범람과 강바람에 맞서며 살기 때문에 향과 약성이 강하다고 한다. 지역에 따라서 물쑥을 먹는 부분이 다른데 서울에서는 새순이 돋기 전의 뿌리를, 북한 지역에서는 잎을 먹고 경기도 지역에서는 어느 정도 자란 물쑥의 줄기를 먹어 물쑥의 어떤 부분을 먹느냐로 고향을 구분할 수 있다고 한다. 이로 미루어 물쑥은 잎은 잎대로 줄기는 줄기대로 뿌리는 뿌리대로 각각의 매력이 있다는 것을 알게 된다. 《조선요리법(朝鮮料理法)》에는 나물 편의 첫 나물을 물쑥나물로 하여 저자가 물쑥나물에 대해 특별한 애정을 가지고 있음을 알 수 있다. 물쑥과 상큼한 미나리, 아삭한 숙주, 담백한 편육과 시원한 배가 어우러진 새콤달콤함에 향기까지 담은 물쑥나물은 봄철의 진미로 손색이 없다.

* 〈정조지〉에는 물쑥 줄기를 소금에 절였다가 말리는 방법, 물쑥의 싹을 끓는 물에 데친 다음 장수(漿水)에 담그는 누호절임, 누호절임을 석회수에 헹궈서 강한 맛을 제거한 다음 볕에 말리는 방법 또는 물쑥을 절였다가 불에 말리는 방법이 소개되어 있다.

재료 물쑥 1.5컵, 미나리 1.5컵, 숙주 2컵, 편육 썬 것 1.5컵, 참기름 2T, 깨소금 1T, 설탕 1.5t, 식초 3T, 파 1뿌리 반, 마늘 1쪽, 고춧가루 약간, 배 1/2개

잎을 제거한 물쑥 줄기를 2분 20초 정도 삶아서 찬물에 헹궈 껍질을 벗기고, 미나리는 4cm 길이로 썰어 데친 다음 찬물에 헹궈 놓는다. 숙주도 손질하여 미나리와 같은 방법으로 준비해 두고 배와 편육도 채 쳐서 준비해 둔다. 물쑥 줄기에 미나리, 숙주, 편육을 담고 참기름, 깨소금, 설탕, 식초, 파, 마늘, 고춧가루를 넣어 골고루 섞고 채 친 배를 넣어 잘 섞는다.

숭개법(菘芥法)

《증보산림경제(增補山林經濟)》

숭개는 배추를 볶다가 식초와 간장을 넣는 간단한 방법이지만, 배추의 들큼한 단맛을 식초와 간장으로 잘 살려낸 음식이다. 숭개는 조선 시대 김치의 한 모습으로 앞서 소개한 〈정조지〉 속의 숭증(菘烝)과 다른 듯 닮았다. 숭개는 밥반찬으로는 물론, 맵지 않고 상큼해서 술안주와 고기의 곁들이 음식에도 어울릴 듯 하다. 배추를 육수에 데쳐서 볶으면 더욱 풍부한 맛이 날 것 같다. 배추 이외에도 열무, 부추, 상추 등 우리가 즐겨 먹는 채소 그리고 근대 잎, 케일 등도 잘 어울린다. 요즘 음식이 너무나 많은 가짓수의 양념 사용으로 복잡해지고 있는데 숭개는 소박한 재료와 쉬운 조리법만으로도 멋진 한 접시가 될 수 있다는 것을 깨닫게 해준다. 번잡하지 않은 음식이 주는 기쁨이 더욱 큰 것은 양념의 홍수 속에서 잠시나마 헤어난 편안함이리라. 숭개를 만들 때는 배추의 노란 속잎보다는 푸른 겉잎을 사용하면 푸른 옥 같은 숭개를 얻게 된다. 숭개는 고기와 잘 어울리므로 고기의 곁들이로 활용하면 좋다.

재료 배춧잎 300g, 기름 3T, 청장 3t, 식초 2T

배추의 결을 살려 3cm 길이로 길게 가른 다음 4~5cm 길이로 잘라 준다. 팬에 기름을 두르고 기름이 뜨거워지면 배추를 넣고 약간 강한 불에서 볶는다. 배추가 푸른색으로 변하기 시작하면 간장을 넣고 중간 불에서 30초 정도를 볶다가 식초를 넣고 불을 끈다.

'동아선[冬瓜膳]' 두 가지

《음식디미방》과 《규합총서(閨閤叢書)》

에메랄드빛과 옥빛의 중간 즈음에 흰 가루분을 살짝 칠한 동아(동과)는 옛 그림 속에서 따온 듯 고전적인 분위기를 가지고 있다. 동아로 음식을 만드는 것도 좋지만 동아 빛깔 털실로 스웨터를 짜서 입고 싶다는 생각이 문득 든다. 아마도 동아 빛이 잘 표현된다면 빈티지하면서도 느낌이 있는 늦가을에 어울리는 스웨터가 만들어질 것이다. 옥빛 동아의 껍질을 벗은 속살은 하얗다. 그냥 하얀 것이 아니라 늦가을처럼 맑고 청아한 느낌이 드는 하얀 빛깔이다. 동아 자체가 특별한 맛이 없기 때문에 양념의 맛을 그대로 받아들인다. 동아선은 동아증, 동아찜이라고도 한다. 우리나라의 대표적인 찜 음식이다.

《음식디미방》과 《규합총서》에는 동아선이라는 같은 이름의 동아 조림이 등장하는데, 《규합총서》의 동아선에는 실수로 식초를 넣지 않았는지 동아로 선을 만드는 방법이 지역마다 집안마다 다르고 세월 따라 변한 것인지 알 수가 없다. 《음식디미방》의 동아선이 무심한 동아에 식초를 넣어서 순수한 맛을 냈다면 《규합총서》의 동아선은 꿀과 겨자를 넣어 좀 더 다듬어진 매콤한 맛을 낸다. 동아선은 많이 먹어도 속이 가볍고 이뇨에 탁월한 효과가 있어 몸이 물먹은 솜처럼 무거울 때 먹으면 몸을 가뿐하게 하는 데 큰 도움을 준다.

《음시디미방》이 동아선 만들기

재료 동아 500g, 청장 4T, 기름 4T, 다진 생강 2t, 식초 2T

서리 맞은 동아를 도독도독 저며서 살짝 데쳐 간장에 기름을 넣고 붉은색이 날 때까지 달인다. 삶은 동아는 건지고 남은 간장은 체에 밭친 다음 다진 생강을 넣고 건져 둔 삶은 동아는 하루를 두는데 물기가 생기면 따라 버린다. 동아를 생강이 들어간 간장에 넣고 먹을 때에는 식초를 넣는다.

《규합총서》의 동아선 만들기

재료 서리 맞은 늙은 동아 300g, 기름 2T, 겨잣가루 2T, 꿀 5T, 식초 1T

서리 맞은 늙은 동아를 둥글고 반듯반듯하게 썰어 기름을 쳐 볶고, 이슬을 맞혀 무수히 바랜 겨자를 개어 얹었다가 꿀과 식초를 많이 쳐 잘 만들어 쓴다.

* 《규합총서》 속의 동아선에는 식초가 빠져 있는데 겨자장에는 반드시 식초가 들어갔던 것으로 보아 이는 저자의 오류로 보인다.

* 숭어

숭어는 우리나라 연안뿐 아니라 세계적으로 널리 분포하는 어종이다. 숭어는 연어처럼 민물을 오가며 사는 기수어다. 10~2월에는 먼바다에 나가 산란을 하고 봄이 되면 알에서 깬 치어들과 함께 연안의 기수역으로 몰려든다. 숭어는 미끈하고 둥글고 두꺼운 비늘이 가지런히 정렬되어 있는 기품 있는 외모에 맛도 좋아 제사상과 잔칫상에 즐겨 사용되었다. 숭어는 계절에 따라 맛의 차이가 크기 때문에 여름 숭어는 개도 안 먹는다 라는 속담이 있다. 숭어의 알은 건조한 뒤 어란을 만들었다.

화채

《규합총서(閨閤叢書)》

화채는 《규합총서》에 소개된 음식 중 손이 많이 가는 음식 중의 하나다. 화채라고 하면 차갑게 먹는 과일 화채가 떠오르는데 《규합총서》 속의 화채는 해물과 소의 내장, 돼지고기 등의 육류, 그리고 색색의 버섯과 채소가 가진 고유의 색을 살리는 것으로는 성에 안 차 연지까지 동원해 만든 아름다운 냉채다. 해물과 고기, 그리고 채소를 곱게 채를 썬 다음 녹말 옷을 입혀 데친 뒤 색을 살려서 담는다. 음식을 담는 과정은 대체로 담는 사람의 소관이지만 화채는 각각의 재료의 색을 살려서 담아야 한다. 잔치할 때 소나 돼지를 잡고 난 다음 생기는 부산물인 내장은 삶아서 먹거나 순대를 만드는데 이처럼 아름다운 화채로 변신한 것을 보면서 모든 식재료가 '천의 얼굴'을 가졌다는 생각을 하게 된다. 화채를 만들면서 음식을 만드는 것은 자연이 순환하는 과정에 참여하는 엄숙한 일이며, 화채가 나오기까지 얼마나 많은 사람들의 상상력과 창의성 그리고 수고가 덧입혀졌는지를 생각하게 된다. 귀히 여기는 식재료도 낮춰 보던 식재료도 정성이라는 옷을 입고 한 접시에 담긴 화채야말로 화합의 음식이다.

재료 숭어 1마리, 새우 2마리, 해삼 1마리, 전복 1개, 천엽 100g, 곤자손이 100g, 양 100g, 돼지고기 100g, 꿩 1/3마리, 미나리 4줄기, 파 1/2대, 오이 1/2개, 표고버섯 3개, 석이버섯 10g, 고추 2개, 무 1/4개, 녹말 2컵, 굵은 소금
고명재료 계란 지단, 실고추 겨자장재료 겨자씨 150g, 흰밥 2T, 식초 2T, 청장 5t, 꿀 2T, 찬물

숭어는 뼈를 바르고 포를 떠서 5cm 길이로 굵게 채 친 다음 녹말을 묻힌다. 천엽은 굵은 소금을 넣어 주물러서 씻고 양도 검은 껍질을 벗겨 낸 뒤 씻어서 채를 친다. 돼지고기와 꿩, 곤자손이는 삶아서 채를 썬다. 해삼, 전복, 새우는 포를 떠서 가늘게 채를 썰고 표고버섯, 석이버섯도 가늘게 채를 썰어 둔다. 미나리, 파, 오이, 고추를 채를 썰어 두고 무는 곱게 채를 쳐서 삶는다. 모든 채 친 재료를 채소부터 녹말을 입혀 끓는 물에 한 가지씩 체에 담가 차례로 익히고 찬물에 담가 식힌다. 연지 물을 들인 무를 밑에 깔고 색색의 재료를 담는다. 계란 고명을 올리고 겨자장을 끼얹어 먹는다.

자채저법(紫菜菹法)

《제민요술(齊民要術)》

자채저법은 중국의 농서인 《제민요술(齊民要術)》에 나오는 식초를 사용한 김요리법이다. 김은 몸빛이 자줏빛을 하고 있어 자채(紫菜)라고도 부른다. 김은 우리나라의 10월부터 이른 봄까지 번식을 하는데 정확한 시기를 알 수 없지만 조선 시대부터 김을 양식하였다. 김은 《증정교린지(增正交鄰志)》에 각 도의 토산물을 바치게 하는 복정(卜定) 물품에 미역·다시마와 함께 기록되어 있어 일본이나 여진 등으로 보내진 것을 알 수 있다. 김은 단백질과 비타민이 많이 함유되어 영양이 풍부하고 소화흡수가 잘 되며 칼로리는 낮다는 큰 장점을 지니고 있다.

자채저법은 냉수에 담가서 풀어진 김을 식초와 소금으로 양념하여 먹는 음식으로 파절임과 함께 곁들여 먹는다. 파나물을 만들 때 김을 넣고 무치는 조리법은 자채저법에서 유래한 것 같다. 파를 술지게미로 절임하였는지 식초로 절임하였는지는 알 수가 없어 식초, 간장, 소금, 약간의 된장으로 절임하였다. 호르륵~ 입안에 감기는 김의 식감이 너무도 부드러워 봄바람이 스치고 지나가는 것 같다. 식초와 소금을 더한 물김을 파절임과 함께 먹었다. 김에게 부족한 식감과 단순한 맛을 파의 풍부한 풍미와 독특한 식감 그리고 향긋한 향이 김 고유의 감칠맛을 잘 살려냈다. 자채저법은 원재료인 김의 맛이 제대로 살아 있는 음식이다.

재료 김 10장, 소금 3t, 식초 1T
파절임 재료 파 1줌, 식초 1T, 간장 2T, 소금 1t, 설탕 1t

찬물에 담가 풀어진 김을 물기를 제거한 다음 소금과 식초로 간을 맞춘다. 파를 4cm로 썰어 식초, 간장, 소금, 설탕을 넣고 버무려 파절임을 만든다. 파절임과 함께 한 접시에 담아내는데 그 양은 반반씩으로 한다.

대구껍질채

《음식디미방》

입이 커서 대구(大口)라고 불리는 대구는 명태와 함께 우리에게 아주 친근한 생선이다. 대구는 살이 담백하고 졸깃해서 탕으로도 좋지만 살에 기름기가 없어 포로 만들기가 용이했다. 대구포는 야구 방망이만큼이나 단단해서 다듬이에 올려놓고 방망이로 두들겨야 식품으로서 의미가 있다. 한 손으로는 대구의 꼬리 쪽을 잡고 한 손으로는 방망이를 들고 대구를 두들기면 마른 뼈와 가루가 공중으로 튀어 오른다. 대구포를 두드리고 나면 반드시 방 청소를 해야 한다. 방망이로 늘씬 얻어맞은 대구포는 손으로 뜯을 수 있을 정도로 부드러워져 있어 대구껍질을 쉽게 얻을 수 있다. 생 껍질보다는 말린 대구껍질로 포를 만들어야 쫄깃하고 맛도 깊다. 우리의 잔치 음식은 웃기로 인한 화려함 때문에 전통 한식은 화려한 음식이라는 고정 관념을 갖지만, 일상식은 석이, 생강, 파, 실고추 등 채도가 낮은 색의 양념을 사용하기 때문에 약간 어둡다. 음식을 맛과 겉모습으로 평가하는 세대들은 대구껍질채의 본질은 외면한 채 일단 겉모습이 우중충해서 먹고 싶지 않다고 할지도 모른다. 답답한 마음에 대구껍질에 콜라겐(Collagen)이 풍부해서 피부와 모발 건강에 좋다고 하면 마지못해 먹을 수도 있겠다. '자연을 담은', '자연을 닮은'이라는 말을 식재료나 음식에 많이 사용하는데 자연이 내준 식재료의 그 어느 부분도 가볍게 여기지 않고 만들어낸 음식이 바로 대구껍질채 같은 자연을 담은 음식이다.

재료 대구껍질 한 줌, 단 간장 1T, 식초 1T, 석이버섯 30g, 골파 10줄기, 밀가루 2T, 간장 1T, 참기름 2T

대구껍질은 비늘이 없도록 박박 씻어서 물에 삶은 다음 가늘게 채를 치고 석이버섯은 물에 불려 손질한 뒤 채를 치고 골파도 4cm 길이로 길게 채를 친다. 대구껍질, 석이버섯, 채 친 골파에 단간장과 식초를 넣는다. 파가 숨이 죽으면 대구 껍질로 돌돌 말아 그릇에 담고, 밀가루즙을 넣고 끓이다가 초간장을 섞는다. 다 되면 초간장을 곁들여서 먹는다.

재료 대구껍질 100g, 마른 새우 20g, 꿩고기 50g, 도라지 50g

대구껍질은 솔로 문질러서 깨끗이 씻어 먹기 좋은 크기로 자른다.
도라지는 방망이로 자근자근 두드려 먹기 좋은 크기로 찢고 꿩고기도 도라지의 크기에 맞춰 썰어 둔다. 마른 새우는 수염과 머리, 꼬리 등을 정리해 두고 냄비에 물을 붓고 먼저 대구껍질과 마른 새우를 넣고 5분쯤 끓이다가 도라지, 꿩고기를 넣고 끓인다.

대구어피탕(大口魚皮湯, 대구껍질국)

《산가요록(山家要錄)》

《산가요록(山家要錄)》의 대구어피탕(大口魚皮湯)은 콜라겐이 풍부한 대구껍질, 기관지에 좋은 도라지, 단백질 덩어리인 꿩고기, 고소한 마른 새우를 넣고 간장과 식초로 간을 맞춘 '탕'이다. 식초는 맛의 균형을 잡을 뿐 아니라 대구껍질의 냄새를 줄이고 재료 속에 스며들어가 유효 성분이 몸에서 잘 흡수되도록 도움을 준다. 대구어피탕을 구성하는 재료를 보는 순간 이 탕이야말로 선인들의 지혜가 담긴 '피부 보양탕'이라는 생각이 든다. 촉촉하고 탄력이 넘치는 피부가 되기 위해서는 폐와 기관지 건강이 우선이다. 대구어피탕에는 피부에 직접적인 영향을 미치는 콜라겐, 피부를 구성하는 단백질은 물론이요 폐 건강에 도움을 주는 사포닌, 노화를 방지하는 아스타잔틴 등이 골고루 들어 있다. 대구어피탕을 자주 먹으면 몸에 활력이 넘칠 뿐 아니라 외모도 젊어져 자신감이 넘치게 된다. 대구껍질을 먹는 것이 내키지 않으면 대구어피탕을 육수로 하여 두부를 넣은 두부탕으로 먹는 것도 괜찮을 것 같다. 요즘은 피부 미용, 뼈 건강과 다이어트를 위해 건강식품에 쏟아붓는 비용이 집집마다 만만치 않다. 몸에 좋다는 건강식품보다는 음식으로 먹는 것이 효과적이지만 어떤 음식을 어떻게 먹어야 하는지 답이 나오지 않을 때 선인들이 먹었던 대구어피탕이 답을 준다. 가사노동에 시달리는 우리 여인들이 어떤 음식으로 백옥 같은 피부와 뼈 건강을 유지하였을까? 라는 궁금증도 대구어피탕이 풀어 준다. 명태껍질도 같은 효과가 있으므로 쉽게 구할 수 있는 명태껍질을 대구껍질 대신 활용해도 좋다.

전곽법(煎藿法)

《수운잡방(需雲雜方)》

고조리서 속의 음식은 지금 우리가 먹는 음식의 초기 모습, 즉 음식의 원형과 뿌리를 밝혀 주는 소중한 자료다. 아울러 우리의 선인들이 먹던 음식과 지금의 음식을 비교해 보며 음식의 조리법이 어떤 연유로 달라지게 되었는지를 추측하게 한다. 《수운잡방》의 전곽법은 다시마에 찹쌀풀 대신 식초에 갠 견과류를 입힌다. 견과류를 입힌 다시마를 건조하지는 않지만 다시마에 뭔가를 붙여 기름에 지진다는 점에서는 부각과 같다. 보통 식초는 음식에 조미료로 사용되는 것을 생각하면 잣을 식초에 섞은 것은 내 요리 인생에서 일대 사건이다. 잣은 고소하며 기름기가 많아서 느끼하고 식초는 무거움을 가볍게 해주는 능력을 가지고 있어 물이나 술이 아닌 식초를 사용한 것 같다. 식초를 더한 잣을 바른 다시마를 기름에 지지는데 아까부터 이상한 조합의 음식을 걱정스러운 눈으로 바라보던 젊은 연구원이 말한다.

"너무 괜찮네요~ 이게 세종대왕 때 음식 맞아요?"

재료 자른 다시마 30개, 잣 1컵, 식초 2t, 기름 1/2컵

잣을 곱게 갈아 식초와 섞고 3.5~5cm 길이로 자른 다시마에 식초를 섞은 잣을 발라 기름을 두른 팬에 다시마를 지진다.

부각과 튀각

우리나라는 기름에 튀기는 조리법이 발달하지 않았지만 대표적인 튀김 음식으로 부각과 튀각이 있다. 부각과 튀각은 독특하게도 마른 음식을 튀긴 것이다. 부각이나 튀각은 밀가루와 계란물을 입히지도 중국처럼 녹말물을 입히지도 않는 마른 식재료를 튀기는 우리만의 독특한 튀김 방식이다. 채소나 해초를 데치거나 손질해서 간장이나 소금으로 양념한 찹쌀풀이나 찹쌀밥, 밀가루를 묻혀서 말린 뒤 기름에 튀긴 것을 부각이라고 한다. 부각은 튀김을 하면 말린 찹쌀풀이 일어나서 풍성하고 바삭하며 고소하다. 부각은 채소가 풍성하고 볕이 좋은 초여름이나 초가을에 주로 만든다. 부각은 다 말린 뒤에 자르면 부서지기 때문에 적당히 마른 뒤 잘라서 튀겨야 좋다. 김이나 깻잎처럼 얇은 재료는 풀을 바른 뒤 두 겹 세 겹으로 만들어야 튀겼을 때 켜가 있게 부풀어 올라 맛과 모양이 좋아진다. 부각은 주로 남부 지방에서 많이 먹던 음식이다.

튀각은 '투곽(鬪藿)' 또는 '투각(套角)'이라고 하는데 서명응(徐命膺)은 《고사십이집(攷事十二集)》에서 "다시마를 유전(油煎, 기름에 지지는 것)하는 것을 투곽이라 하는데 소식(素食)에 알맞은 찬"이라고 하였다. 마른 다시마, 미역, 파래, 호두 등을 잘라 끓는 기름에 튀긴 뒤에 설탕, 깨, 잣가루 등을 뿌린다. 부각이나 튀각을 할 때 기름 온도가 낮으면 기름을 많이 흡수해서 눅눅해지고 너무 높으면 타버리기 때문에 170도 정도의 고온에 넣어 재료가 부풀어 오르면 바로 건져내야 한다. 튀각은 같은 온도에서 짧은 시간에 지져야 쓴맛이 나지 않는다. 튀각은 주로 넓고 두꺼운 다시마를 튀겨서 제사상에 고임용 제물로 올려졌다. 부각이나 튀각은 고기를 먹을 수 없는 선방에서도 별식으로 즐겨 먹었다.

재료 게 1kg, 소금 32g, 간장 30g, 식초 400g, 술 400g, 후춧가루 3g, 참기름 60g, 조각 7개(3cm 길이로 자른 조각 2~3개)

게를 삼으로 싸서 따뜻한 항아리 안에 넣고 배 속의 침과 거품을 토하게 한 뒤 꺼낸다. 식초, 술, 소금, 참기름, 파 뿌리를 함께 끓이고, 간장에 후춧가루를 함께 섞는다. 항아리 바닥에 조각(皁角)을 깔고 게를 넣은 뒤 술과 식초를 게가 잠기도록 항아리에 붓고 반 달 만에 먹는다.

술과 초(醋)로 게젓 담그는 법

《규합총서(閨閤叢書)》

계장은 보통 간장게장이라고 한다. 게의 감칠맛과 짭짤한 간장 맛이 잘 어우러진 별미로 맛이 좋아 밥을 많이 먹게 한다는 '밥도둑'의 주역이다. 간장에 양념을 더한 뒤 숙성시켜 먹는데 부재료가 맛에 변화를 주기는 하지만 간장이 맛을 주도하기에 시간이 흐를수록 짠맛에 절여진 게살이 간장을 탁하게 하면서 간장의 맛도 게의 맛도 점점 떨어진다. 탁하고 텁텁해지기까지 한 간장게장은 골칫덩어리가 되다가 슬그머니 버리게 된다. 이런저런 수단을 취해 보지만 결국 첫맛을 잃어버린 간장게장에 매번 실망하게 된다. 간장게장에 약간의 변화가 필요하다고 느낄 즈음 《규합총서》에 간장에 소금을 더하고 식초와 술, 후추가 들어간 간장게장을 보게 되었다. 맛이 쌈빡하여 오래 두고 먹어도 탁미가 느껴지지 않는다. 《규합총서》에는 소금과 간장으로 담근 게장도 소개되어 있어 한식에서 게장의 가치를 다시 한번 생각하게 된다. 간장으로만 담근 게장의 맛이 단순하다면 식초와 술, 참기름을 넣은 게장은 식초가 참기름과 간장의 조화를 이루게 하여 부드러움과 짠맛이 잘 어우러진 상상 이상으로 맛이 좋은 게젓이 만들어졌다. 이 내용을 쓰다가 TV를 켰는데 "식초가 들어간 음식에는 반드시 기름을 넣어라."라는 자막이 눈에 들어온다. 다양한 게장이 우리 식탁에 오르기를 기대한다.

* 《규합총서》에는 중국 남송(南宋)의 시인 양만리(楊萬里, 1127~1206)의 조해시(糟蟹詩)를 소개하고 있다. 이 시에는 지게미와 겨에 담근 게젓을 들고 친구를 불러 술집으로 향한다는 내용이다. 이로 미루어 술지게미와 겨에 절인 게젓도 있음을 알 수 있다.

붕어찜

《규합총서(閨閤叢書)》

붕어는 가장 흔한 식재료 중의 하나로 한국인의 밥상에 자주 오르던 음식이었지만 지금은 별미로 전문점에서 먹는 음식이 되었다. 붕어는 살에서 단맛이 나기 때문에 맛이 좋지만, 비린내와 흙냄새로 조리가 까다롭고 제멋대로 억센 뼈가 살 속에 박혀 있어 먹기가 두렵다는 사람도 많다. 서유구 선생의 형수였던 빙허각 이씨는 붕어찜을 어떻게 만들었는지 궁금하여《규합총서》에 있는 붕어찜을 복원하였다.《규합총서》속의 붕어찜은 입속에 백반을 물린 붕어의 등마루 속의 살을 꺼내서 뼈를 발라낸 뒤에 갖은 양념을 하여 만두소처럼 만든 다음 배 속에 채운다. 내장을 긁어내서 홀쭉해진 붕어의 배가 통통해져 붕어의 모양이 너부데데해진다. 붕어의 냄새를 제거하고 뼈를 연하게 해 줄 식초를 듬뿍 넣는다. 구멍이 난 등 쪽은 녹말을 넣은 다음 실로 묶어서 안착시킨 후 기름장에 끓이다가 밀가루 즙과 계란을 풀어 넣어 모양도 맛도 빛깔도 지금과는 다른 방식의 붕어찜이다. 지금의 붕어찜은 살이 많은 붕어의 등에 젓가락이 몰리지만, 이 붕어찜은 붕어의 배 속에 담긴 살을 먹는다. 자극적인 입맛에 길들여진 현대인에게는 다소 밋밋하게 느껴질 수 있지만 붕어의 참맛이 깊이 느껴지고 특히, 배 속에 담겨진 붕어소가 평생 잊지 못할 맛의 기억을 새긴다.

재료 붕어 2마리, 식초 40mL, 백반 2조각, 녹말 2T, 참기름 3T, 밀가루 3T, 계란 4개, 집간장 2T, 마늘 5알, 생강 1쪽, 후추 1t, 산초 1/2t, 진피 1T

큰 붕어의 비늘을 벗기고 내장을 빼내고 붕어의 등줄기를 칼로 열어서 살을 꺼낸다. 붕어의 살에 박힌 가시를 제거하고 편으로 썬 다음 마늘, 생강, 후추, 산초, 진피로 양념한다. 붕어의 배 속에 양념한 살을 채우고 식초를 부은 다음 붕어의 갈라진 등줄기에 녹말을 넣고 실로 묶는다. 붕어의 입속에 백반을 물리고 두꺼운 냄비에 물과 기름과 간장을 두르고 은근한 불에서 붕어를 조린다. 밀가루 물을 만들고 계란을 잘 섞어 두었다가 붕어가 거의 익으면 밀가루 물과 계란 푼 것을 넣고 계란이 어느 정도 엉긴 뒤 뒤섞는다.

붕어와 백반

빙허각 이씨(憑虛閣李氏)는 붕어의 입속에 몹시 떫고 시큼한 백반을 넣었다. 백반을 붕어찜에 넣는 이유와 붕어의 여러 부위 중에서도 입속에 넣는 것이 궁금하다. 백반의 성질과 효능을 알면 이 궁금증을 푸는 데 도움이 된다.

백반은 명반(明礬), 우택(羽澤), 반석(礬石)이라고도 하는데 명반석을 정제하여 만든다. 백반은 폐경(肺經)과 비경(脾經)에 작용하여 습사(濕邪)를 없애고 가래를 삭히고 기생충을 없앤다. 또한 단백질을 응고시키고 수렴 작용을 하여 지혈과 항균 작용을 한다. 백반은 냄새가 없고 물에 녹으면 산성이다. 이런 성질을 가진 백반을 붕어조림에 활용하면 다음과 같은 이점이 있다.

백반을 넣어 붕어찜을 하는 이유

붕어는 살이 부드러운 생선이므로 단백질을 수축, 응고시키는 성질이 있는 백반이 붕어의 살을 탱글탱글하게 한다. 백반은 산성이기 때문에 음식이 부패하는 것을 방지하며 식초와 함께 붕어의 억센 가시를 연하게 하고 붕어의 냄새를 없앤다. 또한 붕어에는 기생충이 많은데 백반이 기생충 알을 죽이는 역할을 한다.

백반을 붕어의 입안에 넣는 이유

생선으로 젓갈을 담글 때 몸통 이외에도 아가미를 열고 소금을 넣으면 생선이 잘 상하지 않는다. 붕어로 찜을 만들 때도 입안에 백반을 넣으면 붕어 전체에 백반의 유익한 점은 흡수되지만 백반의 떫은맛은 영향을 주지 않는다.

포계(炮鷄)

《산가요록(山家要錄)》

포계(炮鷄)는 조선 시대 궁중 어의(御醫) 전순의(全循義)가 지은《산가요록(山家要錄)》에 나오는 볶음 닭이다. 토막 낸 닭은 기름에 지진 후 간장으로 간을 입혀 식초를 곁들여 먹는 음식으로 지금 즐겨 먹는 간장 치킨과도 흡사하다. 또 닭도리탕이 포계에서 시작된 것으로 자연스럽게 받아들일 정도로 포계의 조리 과정이나 맛이 닭도리탕과 유사하다. '도리[とり]'가 일본어라고 하여 닭볶음탕을 표준어로 정하였으나 지금은 '도리'가 일부분을 뜻하는 순우리말이라고 하여 닭도리탕은 닭볶음탕과 함께 표준어로 병기되고 있다.

밀가루 즙이 자작한 느르미 형태의 포계가 긴 세월 속에서 감자, 당근 등의 각종 채소를 넣어 지금의 건강하고 맛있는 닭도리탕으로 진화한 것 같다. 빠르게 볶는《산가요록》의 조리법은 지금의 조리 환경으로는 닭을 충분히 익히는 데 어려움이 있기 때문에 닭을 기름에 볶은 뒤 물을 넣고 익혀야 한다. 닭도리탕을 만들 때 식초를 넣으면 포계의 향미를 느끼며 건강하고 담백한 닭도리탕을 먹을 수 있다. 육식을 좋아하는 세종대왕이 즐겨 먹었을 포계는 어의가 만든 음식답게 뜨거운 기운의 닭에 식초를 곁들여 소화는 물론이요 음양의 조화를 이루어낸다. '포계'를 통해서 닭볶음탕이 우리 전통음식의 명칭이라는 것을 안 것도 의미가 있다.

재료 살진 닭 1마리, 식용유 3T, 간장 2T, 참기름 1T, 밀가루 2T, 식초 2T

살진 닭 한 마리를 24~25개로 토막을 낸 다음 깨끗이 씻어 냄비에 기름을 넣고 달군 후 닭고기를 넣고 손을 빠르게 움직이며 볶는다. 청장과 참기름을 밀가루에 섞어 즙을 만들어 식초를 곁들여서 낸다.

칠향계(七香鷄)

《증보산림경제(增補山林經濟)》

칠향계(七香鷄)는 식초, 생강, 말린 도라지, 파, 천초, 간장, 기름 등 7가지의 향기로운 재료를 밀가루에 버무려 어린 암탉의 배 속에 바른 다음 오지항아리에 넣고 밀봉한 후 중탕하여 익힌 닭이다. 이 방식은 닭고기 조리법 가운데 가장 맛이 좋은 방법이라고 한다. 칠향계는 항아리 속에 들어 있는 닭을 증기로 익히기 때문에 조리 시간이 길고 삶는 닭에 비해서 질길 수 있지만, 식초가 조리 시간을 단축하고 닭살을 연하게 한다. 칠향계는 말린 도라지의 은은한 향이 닭살과 국물에 스며서 닭살이 퍽퍽하지 않아 모든 부위를 맛있게 먹을 수 있어서 좋다. 익은 닭과 함께 생산된 육수는 한 주발 정도로 그 양은 적지만 진하고 깔끔하여 몇 수저만 먹어도 힘이 날 것 같다. 중탕 조리법은 식재료가 노출되지 않은 상태에서 뜨거운 수증기로 익히기 때문에 음식 고유의 풍미와 영양소를 잘 살릴 수 있는 조리법으로 환자식이나 보양식을 조리할 때 좋다. 육류나 생선을 중탕할 때 식초를 넣으면 고기와 생선 냄새는 사라지고 영양 성분이 쉽게 용출되기 때문에 맛과 풍미를 함께 갖추게 된다.

재료 암탉 1마리, 말린 도라지 한 줌, 생강 1톨, 파 1/2대, 천초 12알, 청장 1/2컵, 참기름 1/3컵, 식초 1/2컵, 밀가루 1/3컵 도구 항아리

작은 암탉을 핏물이 나오지 않을 때까지 깨끗하게 손질한 뒤 도라지에 밀가루, 식초, 파, 생강, 천초, 간장, 기름을 더해서 닭의 배 속에 넣는다. 암탉은 면 천으로 싸서 항아리에 담아 1시간 정도 중탕하여 익힌다.

식초 음식의 정점, 창국(暢-)

그 많던 창국은 다 어디로 갔을까?

창국은 여름철에 더위를 식혀 주는 상큼한 음식으로 찬 장국에 채소를 넣은 뒤 식초로 맛을 낸 냉국이다. 우리말로는 차가운 국이라고 하여 찬국이라고 하고 다른 말로 생갱(生羹), 냉탕(冷湯), 창국이라고 한다. 창국의 '창(暢)'은 화창할 '창(暢)' 자와 우리말 표기인 '국'이 조합된 이름이다. 찬국, 창국, 생갱, 냉국, 냉탕이라는 이름 모두 여름에 청량감을 주는 시원한 국을 의미하므로 사실적인 찬국이라는 이름보다는 감각적인 창국이라는 이름으로 부르기로 한다. 창국은 사시사철 먹을 수 있지만 특히 채소가 흔하고 더위에 입맛을 잃는 여름 시절 음식으로 완벽하다. 어떤 채소로도 만들 수 있는 그 많던 창국은 다 어디로 가고 지금 오이와 미역을 이용한 창국만 먹고 있을까? 가지나 상추로 만든 창국이 맛이 없어서일까? 라고 생각하며 가지창국, 오이창국을 만든다. 오이냉국과 미역냉국만 기억되고 대부분 사라진 것이 안타까워 조리법은 비슷하지만 맛은 결코 비슷할 수 없는 가지, 파, 쑥갓, 상추, 마늘 창국을 소개한다. 세계 어느 나라의 식탁에 올려도 손색이 없을 감각적인 창국이 우리 밥상에 오르는 날을 기대해 본다.

* 자총(紫葱)은 자총(慈葱)이라고도 하는데 파의 한 가지로 뿌리로 심는다. 겉껍질은 자황색이고, 속껍질은 자줏빛이며 속은 희고 땅속줄기가 원뿔 모양이며 보통 파보다 훨씬 맵고 독하다. 주로 김장을 할 때 자총을 사용하여 김장파라고도 한다.
* 자총이전(紫葱-煎)은 자총과 고기를 곱게 다져 갖은양념을 해서 둥글게 빚은 다음 밀가루를 묻히고 계란 푼 것을 씌워 둥글게 지진다.

*** 오이지창국**

소금에 절여서 담근 오이지로 만드는 창국으로 짭짤하면서 상큼하고 아삭한 오이가 달큰한 육수와 함께 어우러져 질감, 맛이 조화를 이룬 창국이다.

외창국

《조선무쌍신식요리제법》

어린 외[瓜]로 창국을 만드는 방법은 현대의 오이냉국과 유사하지만 김치에 주로 넣는 자총(慈葱)을 넣고 풀잎처럼 얇게 썬 오이를 간장과 식초가 잘 배도록 꾹꾹 눌러두었다가 물을 부어 가며 간을 맞춘 뒤 파와 고춧가루를 살짝 더해 완성하는 것이 장김치 같기도 하다. 선인들은 파의 매운맛으로는 성이 차지 않는지 매운맛이 강한 자총으로 맵고 알싸한 맛을 더했다. 더운 여름을 건강하게 나기 위하여 맛이 강한 향신채와 향신료를 넣어 배탈과 식중독을 예방하기 위함이었던 것으로, 외창국은 시원한 국이면서 약으로 약식 동원(藥食同源)이 절로 떠오른다. 자총을 구할 수 없지만, 마늘이 자총의 역할을 대신하기에 충분할 것 같다. 외창국은 설탕이 들어가지 않기 때문에 달콤한 맛이 없어 지금의 오이냉국보다 매콤하고 새콤한 맛이 강하다. 식초를 많이 넣으라고 한 것은 오이의 아삭한 맛을 살리고 오이 수분으로 인해 국물이 묽어지는 것을 막기 위해서다. 지금의 오이냉국이 상큼 달콤한 맛이 특징이라면 외창국은 매콤함과 칼칼한 맛이 살아 있다. 간단한 오이창국으로 조선 시대의 식문화를 엿볼 수 있는 좋은 기회다. 아삭한 오이를 건져 먹은 다음 매콤하고 감칠맛이 살아 있는 찡한 국물을 음료처럼 마시자 더위에 지친 심신이 달래진다. 고춧가루가 들어간 외창국을 김치처럼 먹는다고 하여 외창국은 여름이면 약이자 국이요, 음료이면서 김치로 여름 밥상을 주도하기에 부족함이 없다.

재료 어린 오이 2개, 파 1/2대, 마늘 3쪽(자총을 대신함), 식초 3T, 집간장 20mL, 고춧가루 2t, 물 220mL

씨가 들지 않은 어린 오이는 풀잎처럼 얇게 썰어 채를 친 다음 그릇에 담아두고 씨가 들은 오이는 돌려 깎기를 한다. 채 친 오이에 식초, 간장, 채 친 파, 마늘편, 고춧가루를 합한 뒤 1시간 정도 두었다가 물을 붓고 간을 맞춘다.

메역창국

《조선무쌍신식요리제법》

메역창국은 한자로는 곽냉탕(藿冷湯), 감곽냉탕(甘藿冷湯)이라고 하는데 '곽(藿)'과 '감곽(甘藿)'은 미역의 한자 이름이다. 미역은 예로부터 산모에게 좋다고 하여 '산후선약(産後仙藥)'이라고 했을 정도다. 《동의보감(東醫寶鑑)》에는 미역을 "성질이 차고 맛이 짜며 독이 없다. 열이 나면서 답답한 것을 없애고 기가 뭉친 것을 풀어주며 이뇨 작용을 한다."라고 하여 미역이 산모뿐 아니라 일반인에게도 좋다고 기록하였다. 미역은 각종 비타민과 요오드, 식이섬유, 칼슘, 칼륨이 풍부하여 비만 예방에 탁월한 효과를 보인다.

메역창국은 다른 채소 창국과는 달리 기름기 없는 살코기를 곱게 다진 뒤 간장으로 양념하여 볶아서 넣고 미역도 익히므로 고기를 넣은 미역국의 구성과 같다는 생각이 든다. 미역의 매끄러운 식감에 꼭꼭 씹히는 짭조름한 고기의 맛이 잘 어우러진다.

재료 마른미역 50g, 소고기 100g, 실파, 붉은 고추 1/2개, 물 6컵, 재래식 간장 1큰술, 식초 4큰술, 소금 1t, 파 1/4개, 후춧가루 조금, 마늘 조금, 참기름 조금, 깨소금 조금

마른미역은 물에 씻어서 불린 다음 줄기를 떼어 내고 4cm 길이로 썬다. 기름기 없는 소고기를 곱게 다져 진간장 1큰술, 다진 파 2작은술, 다진 마늘 1작은술, 참기름 2작은술, 깨소금 1작은술, 후춧가루 약간을 넣고 기름을 두르고 볶다가 고기를 볶은 팬에 미역을 넣고 살짝 볶은 다음 간장을 넣는다.
다홍 고추는 어슷하게 썰고 실파는 반으로 가른 다음 곱게 채 쳐 두고 미역에 다홍 고추와 실파를 넣은 다음 간장과 식초를 붓고 뒤적거려 놓는다. 차게 식힌 그릇에 미역과 볶은 고기를 담고 물을 부은 다음 간은 식초로 맞춘다.

파창국

《조선무쌍신식요리제법》

앞서 만들어 본 외창국과 메역창국은 계승이 되었지만 창국의 부재료인 파를 주재료로 한 파창국은 역사 속으로 사라진 창국이다. 파창국은 외창국과 함께 여름철 김치가 만만치 않을 때 김치 대용으로 요긴하게 쓰였지만 파가 여름에는 맛이 없고 뻣뻣하여 다른 창국에 비해서 맛이 떨어지기 때문에 먹지 않게 된 것 같다. 파가 양념으로 들어가지 않던 창국에도 파가 들어가면서 매운맛이 강한 파창국을 굳이 먹을 필요가 없게 된 것도 파창국이 사라진 원인이 아닐까 생각해 본다. 파창국을 만들기 위해서 억센 여름 파를 손질하며 맛이 있을까 하는 우려가 밀려온다. 파의 뻣뻣함을 제거하기 위해서 파에 설탕을 조금 넣고 식초를 넣었다. 고춧가루와 깨소금을 챙기는 사이 목에 힘을 주고 뻣뻣하게 굴던 파가 어느새 나긋나긋하게 변했다. 파의 매운맛도 식초가 씻어 내 순화되어 창국으로의 면모를 갖추었다. 강한 맛으로 승부를 던지는 파김치도 은근 중독성이 있는 것처럼 파창국도 꽉 채우지는 않지만 딱 떨어지는 맛으로 입맛을 채운다.

음식을 잘못 먹고 탈이 나기 쉬운 여름철 식초로 살균력을 보강한 파창국에는 파의 매운맛을 덜기 위하여 깨소금을 듬뿍 넣는 것이 좋다.

재료 실파 10줄기, 간장 1T, 식초 2T, 고춧가루 2t, 깨소금 2t, 끓여서 식힌 물 200mL

실파를 깨끗이 손질하여 씻은 뒤 4cm 길이로 썬 다음 식초를 넣고 숨을 죽인다. 숨을 죽인 실파에 간장을 넣어 조물거리고 고춧가루와 깨소금을 약간 넣는다. 끓여서 식힌 물을 붓고 식초와 간장으로 간을 맞춘다.

부루창국

《조선무쌍신식요리제법》

부루는 상추의 다른 이름이다. 상추를 생채로 즐겨 먹는 지금 상추가 오이, 미역과 더불어 창국의 재료였다는 사실이 기쁘기도 하지만 이 소박한 창국이 사라졌다는 사실이 안타깝다. 여러 고조리서 속의 음식들 중 지천으로 널려 있는 식재료로 눈을 감고도 만들 만큼 쉽고 익숙한 조리법으로 만든 음식이 여러 사람에게 공감을 준다. 누구나 구할 수 있는 식재료인 상추, 누구나 만들 수 있는 조리법으로 창국을 만들다 보면 마음조차 느긋해진다. 송송 썬 부루가 시큼한 창국 물에 쌉쏘롬한 맛을 더한 것이 마치 잔잔한 물 위에 파문이 일다가 조용히 사라지는 것 같다. 야들야들한 부루의 식감이 혀를 감싸고 깔끔한 창국물맛은 답답했던 속을 다 훑어 내린다. 무던해서 대접을 못 받았던 상추가 식초와 간장으로 무장하고 반격을 가한 것이 바로 부루창국이다. 쑥갓창국도 마찬가지로 만든다.

재료 상추잎 20장, 식초 2T, 청장 1t, 간장 2T, 고춧가루 2t, 물 250mL

상추는 씻어서 물기를 빼 두고 물이 팔팔 끓으면 상추를 넣고 숨이 죽을 정도로만 살짝 데쳤다가 찬물에 넣어 헹군다. 상추를 송송 썰어 오목한 그릇에 담고 식초, 간장, 청장, 고춧가루를 넣고 1시간 정도 재웠다가 시원한 물을 붓고 간을 맞춘다.

마늘창국

《우리나라 음식 만드는 법》

마늘이 창국의 주재료로 괜찮을까? 앞서 가지, 부루, 미역 창국에 마늘이 들어가 식초의 맛을 돋우고 주재료의 맛을 끌어올리기는 하지만 어디까지나 마늘은 주인공이 아니다. 그래서인지 마늘이 주인공인 마늘창국을 만드는 방법은 앞선 창국들과 차별화되어 있다. 얇게 썬 마늘을 식초에 넣어 30분쯤 재웠다가 꺼낸 다음 다시 설탕물에 20분간 재워 채반에 꾸들꾸들하게 말려서 찬물에 설탕, 간장, 식초를 타고 마늘을 띄워 먹는다. 다른 창국은 바로 만들어서 먹을 수 있지만 마늘창국은 미리 준비해 두어야 한다. 마늘을 말려 두면 언제든지 창국을 만들어 먹을 수 있어 한 번의 수고로 건강한 여름을 보낼 수 있게 된다. 우리가 여름을 나면서 몸에 좋은 여러 음식을 먹는데 식초가 들어간 마늘창국도 여름 보양 음식 중의 하나다. 돼지를 잡고 닭을 삶는 거창한 보양 음식을 떠올렸는데 이처럼 소박한 보양 음식이 있다는 것이 상큼함으로 다가온다. 마늘창국이 창국 중에서 그 맛이 으뜸이라 궁중에서도 즐겨 먹었다고 한다. 식초와 설탕에 담근 마늘의 변신이 놀라웠다. 얇게 썰려 바싹 마른 마늘은 바삭한 과자와 같았고 덜 마른 마늘은 쫄깃하다. 마늘의 두께와 건조 정도에 따라 식초 장국에서 둥둥 뜨기도 하고 가라앉기도 한다. 마늘창국을 먹으며 묻혀 버린 한식, 특히 우리에게 부족한 식초 음식이 상 위에 오르는 날을 기대한다.

재료 마늘 30개, 식초 3T, 설탕 1.1/2T, 간장 1T, 물 200mL
절임용 식초 50mL 절임용 설탕물 물 1컵, 설탕 1/2컵

마늘을 얇게 편으로 썰어 식초 물에 넣어 30분쯤 재웠다가 식초 물에서 건져 다시 설탕물에 넣어 20분간 재운다. 식초 물에서 건진 마늘은 채반에 널어 꾸들꾸들해질 때까지 말렸다가 찬물에 설탕, 간장, 식초를 타서 마늘을 띄워 먹는다.

가지창국

《우리나라 음식 만드는 법》

가지는 부드러운 식감이 곧 물커덩한 식감이기도 하여 호불호가 갈리는 식재료다. 가지를 튀기거나 소금에 절인 뒤 볶으면 완전히 다른 식감을 갖게 되지만 부드럽고 물커덩했던 기억에 밀려난다. 오래전 가지를 냉국으로 타서 먹는다는 이야기를 듣고 충격을 받았다. 아삭하고 시원한 오이와 냉국 물 속을 헤엄치는 듯 부드럽고 매끄러운 미역만을 냉국의 재료로 알고 있던 탓도 있지만 고슬고슬한 나물을 만들기 위해 찐 가지의 수분을 조금이라도 더 짜내기 위해 안간힘을 쓰던 가지가 물과 함께한다는 것이 상상이 되지 않았다. 무개념한 음식이라고 생각했다. 만약 가지냉국이 아닌 가지창국이라고 불리었다면 관심을 가졌을 수도 있다. 같은 음식이 두 개의 이름을 가지고 있다면 이왕이면 다홍치마라고 좀 더 감각 있는 이름으로 부르는 것이 한식 발전에 도움이 될 것 같다. 예를 들어 냉국은 Cold soup 라는 뜻을 가지고 있지만 창국은 'Bright soup', 'Cooling soup', 'Refresh soup'이라는 생동감이 담긴 음식으로 세계에 소개하는 것이다. 가지창국은 가지는 첼로, 간장은 비올라, 식초는 제1 바이올린, 고춧가루는 제2 바이올린으로 구성된 현악 4중주를 먹는 것 같았다. 보들보들한 가지의 식감이 입안에서 물결치는 가지창국은 참~ 맛있다.

재료 어린 가지 3개, 파 1/3대, 마늘 3톨, 고춧가루 1/2T, 간장 3T, 식초 4T, 물 250mL

어린 가지를 길이로 반을 가르고 찜솥에 김이 오르면 가지를 찐다. 뜨거운 가지는 젓가락을 이용하여 가늘게 자르고 오목한 그릇에 담아 자른 가지에 다진 파와 다진 마늘, 고춧가루, 간장, 식초를 넣고 간을 맞춘다. 끓여서 식힌 차가운 물을 가지가 잠길 정도로 붓고 필요하면 얼음을 넣는다.

참외창국

《우리나라 음식 만드는 법》

지금도 머릿속에는 오이, 외, 물외, 참외가 혼재되어 기억되고 있다. 여름철 대표 음식인 오이냉국은 언제 먹어도 상큼한 맛과 아삭한 식감으로 미각을 사로잡는다. 오이의 껍질을 일부 벗기고 가늘게 채를 친 다음 파, 고추, 양파 등의 양념과 함께 식초 육수에 넣어 먹는데 오이야말로 오이냉국을 위해 존재하고 식초는 오이를 위해 존재한다고 할 만큼 기가 막힌 맛의 조화를 이룬다. 서양의 애피타이저와 견주어도 뒤질 것이 없지만 흔한 오이로는 심심한 것 같아 오이와 닮은 참외를 이용한 창국을 만들었다. 어린 시절부터 동네 어른들이 외라고 하면 참외를 말하는지 오이를 말하는지 알 수가 없었다. 앞뒤 맥락으로 짐작할 수 밖에 없다. 참외를 먹고는 "외가 참 달아요."라고 말하기도 하고, 외 좀 몇 개 따 가지고 온다고 하고는 오이를 따 오기도 한다. 누군가는 오이를 물외라고 한다. 오이와 참외는 채소와 과일로 구분이 되지만 언어학적으로 보면 외[瓜]가 오이를 뜻하므로 참외는 참[眞]인 즉, 진짜 외[瓜]가 되고 참외는 진짜 오이가 된다. 그러면 오이는 '개외'라며 오이와 참외를 혼동하면서 여름을 보냈다.

이제 새각시처럼 노랑 저고리와 초록 치마로 곱게 단장한 참외와 오이를 합한 참외창국을 만들었다. 두 외의 닮았지만 결정적으로 다른 맛이 복합적인 미각을 선사한다.

재료 참외 1개, 오이 1개, 식초 1/2T, 간장 1T, 소금 1t, 매실청 1/2T

오이는 껍질을 돌려 가며 깎는데 노란 껍질이 살짝 남도록 한다. 참외를 반으로 가른 뒤 속을 빼내고 참외의 모양을 살려 결 방향으로 납작납작하게 썰고 반으로 가른다. 참외에 식초, 간장, 소금, 매실청을 붓고 1시간 정도 재운 다음 물을 붓고 소금으로 간을 맞춘다.

냉면과 창국 그리고 창면

여름 채소로 다양한 창국을 복원하면서 '창국에 면만 넣으면 건강에 좋은 창국냉면이네!'라는 생각과 함께 어린 시절 저녁 밥상에 오른 미역오이창국에 국수를 더해 맛있게 먹었던 기억이 떠오른다. 새콤달콤한 맛 뒤로 숨은 짠맛을 품은 시원한 육수와 아삭한 오이와 바다의 향기를 담은 미역, 폭신하고 부드러운 가지, 그리고 혀에 말리는 소면이 밥상 위의 어떤 반찬보다도 더 내 입맛을 사로잡았다. 창국으로 나만의 특별한 냉면을 만들어 먹은 셈인데 맛은 물론, 창국면을 먹고 난 뒤의 상쾌하고 가벼운 느낌이 좋았다. 창국을 그저 찬도 아니고 국도 아니게 먹는 것보다 국수를 넣어 냉면으로 먹는 것이 훨씬 더 효율적이라고 생각했다. 냉면을 먹을 때는 면과 함께 씹히는 오이나 배, 무의 식감이 좋아 면은 줄이고 오이나 배를 더 올려서 창국은 냉면처럼 냉면은 창국처럼 크로스 오버(Crossover)하였다.

〈정조지〉 권2 구면지류(糗麵之類) 면(麵) 편의 과면(瓜麵)은 가늘게 썬 오이를 녹두 전분을 입혀 삶은 다음 붉은 오미자 국물에 말은 모습에 냉면이 담겨 있으며 과면을 창면(暢麵)이라고도 하므로 창국과의 연관 관계도 생각하지 않을 수 없다. 빙허각 이씨가 쓴 《규합총서》의 석류와 유자가 들어간 붉은빛의 상큼한 냉면에서도 창면이 초기 냉면의 모습이 아니었을까? 라는 생각을 하게 된다. 어떤 음식이 시원(始原)이 되어 창면, 창국, 냉면으로 우리에게 전해졌는지 알 수는 없지만 식초, 오미자, 동치미의 시원한 신맛이 가슴이 뻥 뚫리는 듯한 청량감으로 우리의 지친 몸과 마음에 활력을 준다는 점에서 모두 같다. 창국, 창면, 냉면의 모습을 골고루 담은 새로운 개념의 건강한 음식이 한식의 방주에 오르기를 기대한다.

어머니의 어머니가 어머니에게 물려주신 음식 중 식초가 들어가 맛을 낸 음식을 모아 보았다. 고조리서에 실려 있지 않지만 밥상에서 밥상으로 이어진 식초 음식들로 각 지역의 특산물과 식초가 잘 어우러진 식초 음식들이다. 콩나물로 유명한 전주 지역에서 즐겨 먹는 콩나물잡채와 남도의 명물 홍어로 만드는 홍어찜, 쑥갓이 흔한 여름이면 흔하게 올랐을 쑥갓채까지 맥을 이어오고 있지만 바쁜 현대를 살아간다는 이유로 점점 멀리하여 사라져 가고 있는 식초 음식들이다. 이 식초 음식에는 식초를 즐겨 사용하던 할머니와 엄마가 즐겨 만들던 음식들도 들어 있다. 이 식초 음식들을 만들 때 "식초병 좀 이리 줘 봐라. 새콤한 맛이 약하다~ 나는 식초가 들어간 음식이 좋은데 요즘 사람들은 식초가 들어간 음식을 싫어하더라."라는 엄마의 목소리가 들리는 것 같다.

제3장

이어져 내려오는 식초 음식

조선셰프 서유구의 식초 음식 이야기

가지닭고기냉채

보랏빛 가지는 오이, 호박과 함께 만만한 여름 반찬이다. 어린 시절 가지나물이나 가지볶음, 가지전이 가지 음식의 전부인 줄 알았다. 가지볶음과 가지튀김으로 가지가 기름과 잘 어울리는 줄 알았는데 의외로 가지창국으로 가지가 식초와도 잘 어울린다는 것을 알았다. 이탈리아 음식으로 가지가 토마토, 치즈와도 멋진 조합을 이룬다는 것도 알게 되었다. 나이가 들어가면서 내가 알고 있는 가지 음식의 숫자도 늘어난 것 같다. 가지는 뜨겁게 먹을 때보다 차게 먹을 때 가지다운 매력이 더 발휘되는 것 같다. 가지닭고기냉채는 먹어 본 냉채 중 가장 이색적이고 맛있으며 건강에 좋은 냉채다. 닭가슴살은 녹말을 입혀 탄력이 넘치고 식초와 기름에 무친 가지는 새콤하면서 부드럽기 그지없어 한없이 먹어도 물리지 않을 것 같다. 가지와 닭고기는 따로 먹어도 좋지만 가지와 곁들여 먹으면 가지의 물컹한 식감을 닭고기가 보완하여 완벽한 맛의 변주를 이룬다. 가지닭고기냉채를 여름철 별미로 꼭 한 번 만들어 먹어 보기를 권한다. 냉채 위에 얹는 웃기에 좀 더 신경을 쓰면 손님 접대 음식으로 손색이 없다.

재료 가지 5개, 닭가슴살 100g, 계란 1개, 소금 조금, 설탕 1t, 식초 1.5T, 녹말가루 1.5T, 집간장 4t, 참기름 2.5T, 다진 마늘 1/2T, 참깨 1T, 후춧가루 조금

작은 가지는 통으로 찌고 큰 가지는 반으로 갈라서 가른 면이 위로 가게 하여 찜통에서 찐다. 찐 가지는 먹기 좋은 크기로 갈라 집간장, 식초, 깨소금, 참기름으로 양념한다. 닭가슴살을 가늘게 찢은 다음 간장, 다진 파, 마늘, 참깨, 참기름, 식초, 설탕, 소금으로 무친다. 양념한 닭가슴살은 가늘게 채를 썰어서 소금, 녹말가루, 계란, 후춧가루를 넣고 버무려서 재웠다가 끓는 물에 데친다. 가지를 접시에 담고 그 가운데 닭고기 볶음을 얹은 다음 붉은 고추 채 썬 것을 고명으로 얹는다.

전복냉채

예로부터 귀히 여겨 온 전복은 '복(鰒)' 또는 '포(鮑)'라고 하였는데 정약전(丁若銓)의 《자산어보(玆山魚譜)》에서는 전복을 복어(鰒魚)로, 《본초강목(本草綱目)》에서는 전복 껍데기를 석결명(石決明)이라고 칭했다. 전복의 생것은 생복(生鰒), 말린 것은 건복(乾鰒), 찐 것은 숙복(熟鰒)이며, 전복은 전복김치, 전복쌈, 전복죽, 전복회, 전복초, 전복냉채 등으로 먹었다. 전복은 아르지닌(Arginine)이 풍부하여 전복죽은 대표적인 환자식이나 회복식으로 인기가 있다. 지금은 전복을 양식하기 때문에 예전보다 가격이 저렴해졌지만, 전복이 들어간 음식은 여전히 귀한 음식으로 여긴다. 전복을 삼계탕에 넣은 '전복삼계탕', 버터에 굽는 '전복버터구이'가 시대를 대표하는 전복 음식으로 자리를 잡았다. 이처럼 새로운 전복 음식이 탄생하는 것도 의미가 있지만 예로부터 먹어 온 전통 전복 음식도 같이 식탁에 오르는 것, 즉 전통과 새로움이 공존하는 것이 언제나 옳다. 전복은 다른 해산물과 함께 냉채로 많이 쓰이지만 이번에 소개하는 냉채는 전복살과 초절임 래디시로만 만드는 냉채로 전복살의 졸깃함과 래디시의 아삭함이 괜찮은 식감을 느끼게 한다. 전복의 껍데기 안에 오롯하게 안긴 전복 냉채는 담는 정성만 있다면 누구나 쉽게 만들 수 있는 음식이다.

재료 깨끗이 손질한 전복 5개, 래디시 3개, 식초 2T, 마늘 1t, 설탕 2t, 소금 1/2t, 생강 1톨, 겨자 1t, 참깨 2t, 참기름

전복은 0.2cm 두께로 썰어서 식초, 마늘, 겨자, 참기름, 참깨로 무쳐 두고 래디시는 전복 두께로 썰어서 단촛물에 담근다. 전복 껍데기 안에 전복살과 래디시를 교대로 하여 담고 생강은 채를 쳐 그 위에 올린다.

콩나물잡채

콩나물잡채가 빠진 잔치는 상상할 수도 없었다. 그렇다. 적어도 40년 전만 해도 그랬다. 지금은 콩나물잡채가 없어도 잔치를 한다. 이제는 콩나물잡채의 자리를 각종 샐러드가 대신한다. 매일 접하는 콩나물로 만드는 나물이나 무침, 국은 편하고 소박한 음식이지만 콩나물잡채는 다르다. 소고기 양짓살, 미나리, 고사리, 배, 잣, 은행, 계란 지단이 연출하는 색채와 식초, 겨자, 설탕이 빚어내는 상큼 매콤 달콤의 조화와 은행, 밤, 잣으로 더해진 영양까지 콩나물잡채는 잔치 음식의 백미라고 할 수 있다. 콩나물잡채는 다른 잡채와 마찬가지로 여러 조리법을 거치다가 지금의 모습으로 정착하였을 것이다. 한식의 대표 메뉴인 잡채가 중국집에도 있어 잡채가 중국에서 온 음식인지 아리송하지만, 콩나물잡채는 식초가 지휘자가 되어 각기 다른 모든 식재료의 맛을 어우러지게 하는 우리만의 잡채다. 콩나물잡채에 사용하는 콩나물은 일반 콩나물이 아니라 잡채용 콩나물로 길러진 통통한 콩나물을 사용해야 맛이 있고 볼품도 있다.

재료 콩나물 400g, 미나리 200g, 쪽파 200g, 고사리 200g, 양지머리 200g, 당근꽃 10개, 다시마 두 토막, 잣 1/3컵, 밤 7개, 은행 10개, 계란 2개, 배 1/4쪽
무침 양념 현미 식초 2/3컵, 겨자 2T, 설탕 5T, 마늘즙 2T, 간장 2T, 소금 5t

콩나물은 머리를 떼고 끓는 물에 살짝 데쳐서 찬물에 헹궈 물기를 빼 둔다. 미나리와 쪽파는 데쳐서 5cm 길이로 자르고 마른 고사리도 삶아서 물기를 제거한 다음 같은 크기로 자르고 배는 채를 썰어서 설탕물에 담근다. 다시마는 끓는 물에 1분 정도 삶아서 가로 0.3cm, 세로 5cm 길이로 자르고 양지는 삶아서 5cm 길이로 썬 다음 가늘게 찢는다. 잣은 고깔을 떼고, 밤은 편으로 썰어 두고 은행은 껍질을 제거하고 지단은 황·백으로 부쳐서 일부는 채를 일부는 마름모꼴로 썰고 당근은 꽃으로 오려 둔다. 식초, 겨자, 설탕, 마늘즙, 소금, 간장을 넣고 간을 맞춘 다음 큰 볼에 콩나물을 넣고 식초 조미액을 일부 붓고 손으로 살살 버무린 다음 고사리, 쪽파, 미나리, 배 순서로 넣어 식초 조미액을 추가하면서 버무린다. 마지막으로 밤과 은행, 계란 지단을 넣고 잣과 당근을 넣어 마무리한다.

메밀묵냉채

사람은 자기가 익숙한 것에 편안함을 느낀다. 낯선 것에는 동화되지 못하고 계속 마음이 겉도는데 특히 음식이 그렇다. 지금은 외식 문화가 보편화되어서 모두들 음식에 대한 낯섦이 줄었지만, 여전히 익숙한 음식을 만나면 타임머신을 타고 과거로 돌아간 듯 착각에 빠지게 된다. 시공간을 초월하는 힘을 가진 익숙한 음식이 가장 센 존재가 아닐까?라는 생각이 든다.

어린 시절부터 메밀묵을 좋아하였는데 엄마는 메밀묵으로 음식을 만들 때 채를 썰어서 만들었다. 모든 사람이 다 메밀묵을 채를 쳐서 음식을 만드는 줄 알았다가 성인이 되어 식당에서 밥을 먹게 되면서 네모나게 썬 메밀묵이 너무도 낯설었던 기억이 난다. 지금도 네모나게 썬 메밀묵을 보면 당기지 않고 먹어도 채를 친 메밀묵보다 별로 맛이 없다. 아마 네모난 메밀묵을 먹고 자란 사람은 채를 친 메밀묵을 보면 낯설고 맛도 없을 것이다. 엄마는 채를 친 메밀묵을 초간장으로 무친 다음 채 친 반지와 배, 미나리 무침, 김 가루를 올려서 별식을 만들어 주었다. 퍼슬퍼슬한 메밀묵이 국수처럼 쪼르륵 쪼르륵하는 소리와 함께 입안으로 빨려 들어가는 그 느낌이 좋았다. 그때는 표현을 못 했지만, 식초의 싱그러운 향기가 무덤덤한 메밀의 맛과 참 잘 어울리는 것도 한몫을 한 것 같다.

재료 메밀묵 1/2모, 배 1/4개, 미나리 한 줌, 김 가루 1/2컵, 김치
초간장 양념 식초 2T, 간장 2t, 집간장 1t, 매실청 1t, 참기름 1T, 마늘 2톨, 깨소금 1T, 다진 대파 조금

메밀묵은 길이를 살려서 썰고 0.7cm 두께로 채를 친다. 진간장에 집간장, 식초, 매실청, 마늘, 다진 대파를 넣고 잘 섞은 다음 참기름과 깨소금을 넣는다. 김치는 잘게 썰고, 배는 채를 치고, 미나리는 데쳐 4cm 길이로 썰고, 김은 구운 다음 손으로 굵은 조각이 살아 있게 부순다. 메밀묵을 오목한 그릇에 담고 백김치, 미나리, 김 가루, 배를 올린다.

채

우리 전통음식에는 '채' 자가 붙은 음식이 많다. 수란채, 어채, 탕평채, 무생채, 해파리냉채, 잡채, 묵채, 화채, 나복채 등이다. 음식에서의 채는 채소나 과류(瓜類) 따위를 재료로 간과 양념을 쳐서 무친 음식이나 술안주 또는 반찬이거나 채소나 과일 따위를 가늘고 길쭉하게 써는 것을 의미한다. 공교롭게도 '채'로 끝나는 이름을 가진 음식이 주재료나 고명을 채를 쳐서 만들거나 올리기 때문에 '채'가 재료의 써는 법에서 유래되었다고 오인하기 쉽다. 우리 전통음식에서의 채(菜)는 첫 번째 의미의 채를 뜻한다. 보통 무나 당근을 '채를 친다'의 '채'는 순우리말로 이 음식들은 주재료나 부재료를 모두 가늘게 써는 것을 말한다. 재료를 채를 쳐서 넣으면 정성과 노력이 더 들어가서 음식이 섬세하고 정갈할 뿐 아니라 식감도 부드러워 소화가 잘된다. 완성된 음식에 채를 친 채소를 웃기로 올리면 음식에서 활력이 느껴진다. 김밥의 속 재료로 많이 쓰는 오이, 당근 등도 곱게 채를 쳐서 넣으면 각기 다른 맛이 조화를 잘 이루어 김밥이 훨씬 더 맛이 있다. 같은 양의 재료라도 채를 쳐서 넣으면 음식에 생동감이 느껴져 훨씬 더 풍성하게 보이는 효과가 있다. 식재료의 아린 맛이나 떫은맛을 물에 담가서 제거할 때 채를 치면 가볍게 헹구는 것만으로 제거되어 조리 시간이 단축되고 영양소 파괴가 적어진다. 고운 채를 얻기 위해서는 재료의 두께가 일정해야 하므로 무와 감자 등을 면으로 썰 때 일정한 두께를 유지하고 파를 채 썰 때는 속을 제거하고 겉잎을 가른 다음 채를 썰어야 예쁜 채가 만들어진다. 채 자체의 두께도 조리 방법에 따라 달리해야 하는데 채가 너무 가늘면 채가 곤죽이 되어 음식이 볼품이 없고 반대로 너무 두꺼우면 주재료에서 이탈하거나 다른 재료와의 조화를 이루지 못하므로 재료나 조리법, 조리 시간에 따라 채의 두께나 폭을 조절해야 한다.

* 무, 호박, 가지, 시금치, 고춧잎 등의 채소를 양념에 무친 나물인 채(菜) 중 오이, 무, 당근 등을 소금이나 식초, 간장에 절여 작은 접시에 담은 술안주나 찬을 소채(蔬菜)라고 한다.

재료 닭 한 마리(약 1.2kg), 소금 1꼬집, 마늘 5개, 생강 1톨, 잣 깻국물 육수 1.4kg(7컵), 참깨 1컵, 소금 6g, 잣 1/5컵 소고기 완자 소고기 우둔살 80g, 두부 1/4 쪽, 계란 1/2개, 밀가루 2T 소고기 완자 양념장 국간장 1/3t, 소금 1꼬집, 다진 파 1t, 다진 마늘 1/2t, 후춧가루 조금, 참기름 1/2t 고명 재료 황·백 계란 지단, 홍고추, 오이, 잣, 실고추

닭은 내장과 기름기를 제거하고 깨끗이 씻어서 센 불에 올려 10분 정도 삶다가 마늘과 생강, 파를 넣고 중간 불에서 25분 정도 더 삶는다. 익은 닭을 건져서 살을 발라낸 다음 0.5cm 정도의 두께로 찢어 소금과 간장으로 간을 해두고 국물은 식기 전에 면 보자기에 거른다. 깨끗이 씻은 참깨는 달구어진 팬에 볶아 닭 육수 2컵과 함께 곱게 간 다음 체에 내리고 깨 건지에 남은 육수를 부은 다음 믹서기에 갈아서 다시 체에 내려 육수를 소금과 식초로 간을 맞춘다. 작은 밤톨 크기의 완자를 만들어 밀가루를 입히고 계란 물을 씌운 다음 팬에 지진다. 오이는 돌려 깎기를 하여 4cm 길이로 채를 치고 계란은 노른자와 흰자로 나누어 오이와 같은 크기로 지단을 부쳐 채를 썰어 둔다. 홍고추는 반으로 갈라 씨를 빼서 계란 지단과 같은 크기로 채를 썰고 그릇에 찢은 닭살을 담고 오이, 황·백 지단, 홍고추, 완자를 올린 다음 차게 식혀 둔 깻국물을 붓는다.

임자수탕(荏子水湯)

해가 길어 활동량이 많은 여름은 남녀노소 에너지 소모가 많은 계절이다. 농사짓는 농부도 글 읽는 선비도 놀기만 하는 놀쇠도 손자랑 놀아 주는 할머니도 이 동네 저 동네 다니는 방물장수도… 모두들 여름이면 늘어난 활동량과 더위로 몸이 지쳐 간다. 이런 연유인지 전통 보양 음식은 여름철에 집중되어 있다. 임자수탕은 차가운 닭국물에 흰깨를 갈아 넣은 다음 닭살과 고기완자를 넣어 먹는 여름철 냉 보양식으로 임자는 참깨를 말한다. 닭은 뜨거운 성질을 가지고 있어 열이 많은 사람, 화병이 있는 사람은 기가 솟구치기 때문에 가급적 피하는 것이 좋다고 한다. 닭이 파드닥거리는 것도 뜨거운 성질에서 나온 것이다. 삼계탕이 닭에 인삼을 넣어 뜨거움을 응축시킨 뒤 뚝배기에 담아 뜨거움을 유지하면서 먹는 즉, 뜨거움으로 더위를 물리친다면 임자수탕은 뜨거운 성질을 가진 닭을 차가운 참깨와 차가운 온도로 보완하여 조화를 이룬 누구에게나 좋은 보양식이다. 소고기 완자에 갖은 고명이 올라간 정성 가득한 시원한 임자수탕은 초계탕, 수란채와 더불어 한국의 대표적인 여름 보양 음식으로 원래 식초가 필수는 아니지만 수란채처럼 식초를 넣어 맛의 변화를 주었다. 삶거나 튀긴 닭도 좋지만 올여름엔 임자수탕 한번 식탁에 꼭 올려보는 것은 어떨까?

Tip 닭 육수 대신 콩국물에 깨와 잣을 넣고 갈아서 대용하여도 좋다.

재료 닭 1/2마리, 메밀국수 130g, 마늘 5톨, 생강 1톨, 파 1/2대 **육수** 닭 육수 250mL, 식초 35mL, 설탕 10g, 청장 1/3T, 소금 15g, 계란 지단 **닭고기무침** 참기름 2t, 간장 1t, 소금 1/2t, 깨소금 약간

닭은 깨끗이 손질한 뒤 씻어서 식초로 닦고 닭, 마늘, 생강, 파를 넣고 푹 무르도록 삶아서 닭은 꺼내 따로 그릇에 담아 두고 식힌다. 닭고기 국물은 뜨거울 때 고운 면 보자기에 거른 뒤 냉장고에 넣어 차게 식힌 뒤 먹기 좋은 크기로 찢어서 참기름, 소금, 찐 마늘로 무친다. 계란은 황·백으로 나누어 지단을 부쳐 채를 썬다. 찬 닭고기 육수에 식초, 간장, 청장, 설탕, 소금을 넣어 잘 섞고 메밀국수를 삶아서 얼음물에 헹군 다음 물기를 빼 두었다가 오목한 접시에 국수를 담고 닭과 계란 지단을 올리고 차가운 육수를 붓는다.

초계국수

냉면과 더불어 겨울에 먹던 초계국수는 닭 육수에 식초와 겨자로 간을 하고 닭살을 찢어서 채 친 오이 등과 함께 메밀국수 위에 얹어 먹는 음식이다. 초계(醋鷄)의 초는 식초를, 계는 닭을 의미한다. 만일 꿩고기로 만들면 초치(醋雉)국수가 된다. 초계국수는 함경도와 평안도에서 즐겨 먹던 겨울 보양식으로 지금은 여름에 즐겨 먹지만 원래는 운동량이 적은 겨울철에 적합한 음식이다. 닭 육수의 느끼함과 육류 섭취 뒤의 더부룩함을 식초 육수가 평정하여 마치 동치미 육수를 먹은 듯 산뜻하다. 초계탕용 육수와 고기를 따로 준비하는 것이 번거롭다면 삼계탕을 할 때 닭의 배 속에 찹쌀을 넣지 않고 삶은 뒤 초계탕용 맑은 육수와 고기를 확보하고 남은 국물에 찹쌀을 넣어 끓이면 두 가지 전통음식을 모두 맛볼 수 있다. "식초가 너무 많이 들어가요." 닭 육수에 식초를 넣는 내 팔을 잡으며 말한다. "아니에요~ 식초가 이 정도는 들어가야 해요." 너무나 시지 않을까 걱정하던 얼굴들이 감탄으로 바뀐다. "맞네요! 시지도 않고 딱 적당해요. 건강하면서 맛있기가 어려운데…" 예전에는 한겨울에 오이가 있을 리 없으니 고명으로 올라간 오이는 다양한 방법으로 절여 두었던 오이다. 밖에는 펄펄 눈이 내리는데 팔팔 끓는 아랫목에서 시원하고 상큼한 초계국수를 먹는 것은 호사 중의 호사다. 지금은 여름 건강 보양식으로 인기가 있다. 상큼한 국물이 환상적인 초계국수에는 석이버섯이나 배, 오이 등의 고명을 올려도 곱지만 찢은 닭살과 계란 지단만 올려도 충분하다.

* 《규합총서》에는 재에 오이를 넣어 보관하면 오이가 갓 딴 것과 같다고 하였다. 재는 알칼리성으로 방부 작용을 할 뿐 아니라 오이나 채소의 색이 변하지 않게 한다.

수란채(水卵菜)

탁~ 터지는 보들보들한 수란과 함께 어우러지는 새콤한 잣 소스와 해물의 어우러짐이 환상적인 수란채는 신맛과 고소한 맛의 극치를 보여 주는 음식이다. 수란채는 맛도 맛이지만 땀을 많이 흘리는 여름 건강식으로도 최고다. 신듯하면서 달고 단 듯하면서 신 수란채는 고소한 바다를 입안에 한가득 담은 것 같다. 잣으로 부드러워진 식초의 신맛은 고급스러운 신맛이라 아무리 까다로운 입맛을 가진 사람도 만족시킨다. 식초의 자극적인 맛 때문인지 식초를 사용한 음식은 고급 음식이라는 인식이 부족하던 터라 수란채로 인한 감동이 더욱 큰 것 같다. 식초를 사용한 음식 중 맛뿐 아니라 담음새의 아름다움으로 한식의 격조를 표현하기에 수란채만 한 음식이 떠오르지 않는다. 수란채의 생명은 적당하게 익은 수란이다. 수란이 너무 익으면 흰자는 뻣뻣하고 노른자는 즙이 흘러나오지 않으므로 시간 조절을 잘해야 한다. 1998년 엘리자베스 영국 여왕이 안동을 방문했을 때 류씨 종가에서 '수란채'를 대접했다.

재료 국수 130g, 새우 3마리, 문어 100g, 손질한 전복 1마리, 해삼 1/3마리, 미나리 1줌, 석이버섯 조금
육수 물 2L, 식초 1/3컵, 잣 1/2컵, 소금 5g, 설탕 1t

새우는 머리와 꼬리를 살린 채 식초를 넣은 물에 살짝 데치고 문어는 식초를 더한 물에 데쳐서 찬물에 헹군 다음 어슷하게 썰어 둔다. 익힌 전복은 가늘게 썰고 마른 해삼은 물에 불려서 살짝 데친 다음 가늘게 채 썬다. 미나리도 살짝 데쳐서 4cm 길이로 자르고 석이버섯은 미지근한 물에 불린 다음 가늘게 채 썰어 둔다.
잣에 물을 조금 붓고 간 다음 식초와 물, 설탕, 소금을 넣어 즙을 만든다. 국수를 삶아서 얼음물에 헹군 후 물기를 빼 오목한 접시에 국수를 담고 새우, 문어, 전복, 해삼을 보기 좋게 담고 미나리와 석이버섯을 해산물에 올려서 장식한다. 물에 식초를 넣고 계란을 넣어 수란을 만들고 해산물 위에 수란을 얹은 다음 잣즙을 붓는다.

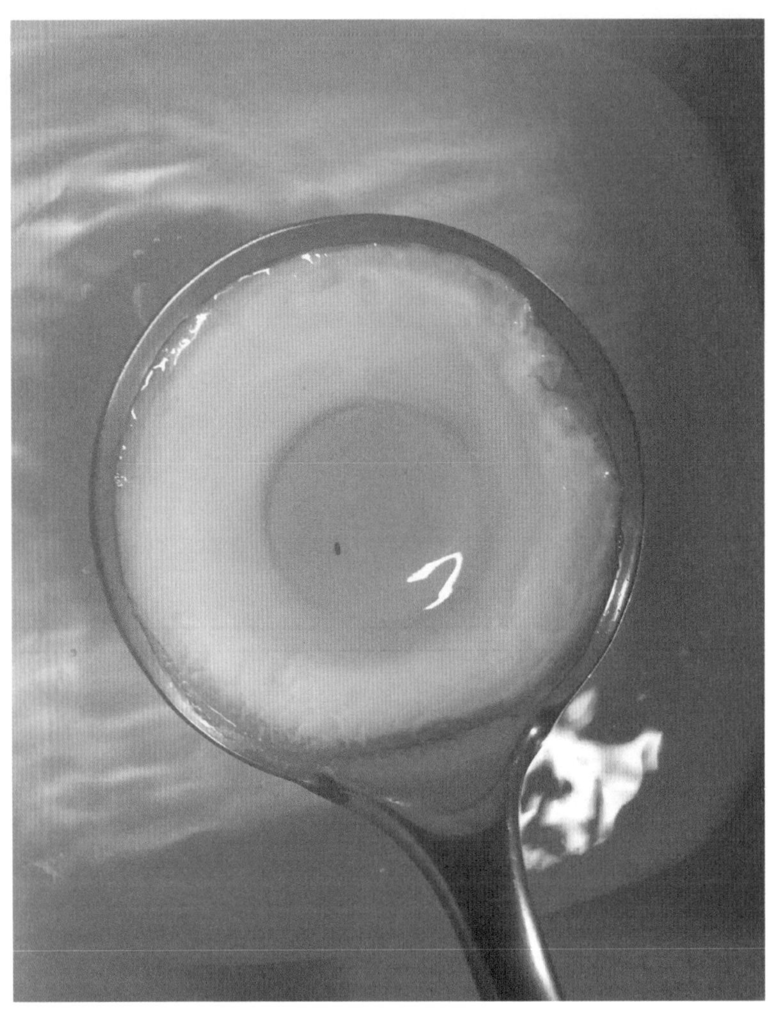

재료 물 500mL, 계란 1개, 참기름 2t

냄비에 국자가 충분히 잠길 정도의 물을 넣고 끓인다. 중간 크기의 국자에 참기름을 넣고 기름 붓으로 참기름을 골고루 발라 준다. 국자를 바로 세우고 계란을 깨서 얌전하게 담은 다음 끓는 물에 국자의 2/3만 담그고 익히다가 계란의 윗면에 반투명한 흰 막이 덮이면 국자 전체를 조심스럽게 물에 담근다. 약 2분 40초 정도면 맛있는 수란이 완성된다. 주의할 점은 국자 전체를 담그는 타이밍인데 너무 빠르면 흰자가 흩어지고 너무 늦게 담그면 수란이 뻑뻑하다.

수란

지금은 수란이 다른 음식의 곁들이지만 예전에는 수란 자체가 하나의 훌륭한 음식이었다. 수란을 익힌 물에 맑은 청장을 탄 다음 그릇에 담아서 공부하는 선비의 밤참으로 많이 냈다.

계란은 삶거나 프라이를 하거나 졸여서 먹지만 물에 익혀 먹는 수란은 계란을 가장 건강하게 먹는 방법이다. 수란을 어렵게 생각한다면 아래 수란 만드는 방법을 참고하여 수란채뿐 아니라 비빔밥, 샐러드 등 다양한 음식에 활용하면 좋다. 수란은 신선한 계란을 사용해야 매끈하고 탄력 있는 수란이 나온다. 수란은 조리 중 시간을 놓치면 안 되기 때문에 재료나 도구를 모두 준비한 뒤 조리를 시작해야 한다. 냄비에 담는 물의 양은 10cm 정도의 깊이까지 오는 것이 적당하다. 수란의 모양을 잘 고정하고 수란의 색을 유지하기 위해서는 향미와 색이 없는 식초를 선택한다.

재료 물 1L, 식초 1T, 계란 2개

신선한 계란을 오목한 그릇에 담는다. 냄비에 물을 넣고 팔팔 끓이다가 식초를 넣고 끓으면 약한 불로 낮춘다. 나무 수저를 냄비에 넣고 물이 회오리가 돌도록 한 방향으로 빠르게 원을 그리며 젓는다. 그릇에 담긴 계란을 최대한 물 가까이에 대고 회오리의 중심에 한 번에 부어 준 다음 약한 불을 유지한다.

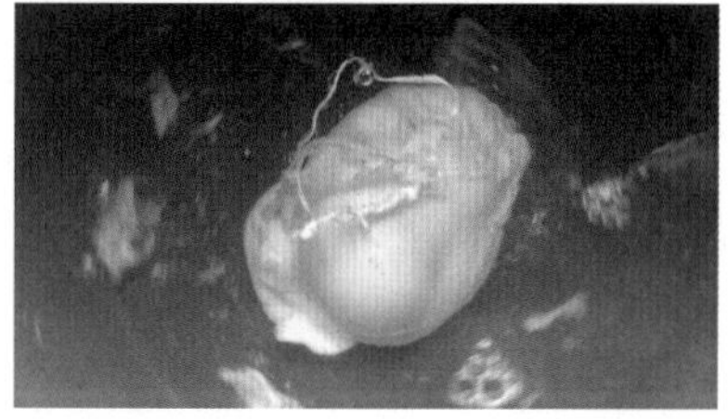

약 20초 동안 계란 주변을 휘저으면서 회오리를 만든다. 3분이면 수란이 완성되는데 취향대로 시간을 조절한다. 구멍 국자로 수란을 건진 다음 소금을 넣은 물에 수란을 담그면 식초 냄새도 제거되고 수란에 간이 배어 맛이 더 좋아진다. 수란이 깔끔하지 않을 경우 가위를 이용하여 다듬어 준다.

냉면

냉면은 김칫국물이나 고기 육수에 면을 만 다음 다양한 고명을 올려서 먹는 찬 국수다. 몇 년 전부터 슴슴한 맛과 끊어지는 면발로 호불호가 갈리던 평양냉면이 큰 인기를 누리고 있는데 그 열기가 좀처럼 꺾이지 않고 있다. 지나치게 자극적인 음식으로 미각에 피로감을 느끼는 현대인들에게 평양에서 직접 냉면을 맛 본 사람들이 들려주는 이야기는 상상력을 자극하게 만든다. 직접 맛 볼 수 없고 귀로 먹을 수밖에 없어 일까? 진짜 평양냉면을 상상하며 그 맛을 짐작해 보는 것도 평양냉면의 인기를 부채질 하는 것 같다. 진짜에 가까운 냉면을 찾는 열정은 감동스러울 정도다. "평양에서 만들지 않은 냉면은 평양냉면이 아니고 진주를 떠나 먹는 냉면은 진주냉면이 아니다."라는 여름마다 벌어지는 "진짜" 논쟁은 실제 아무런 의미가 없다. 내 입맛과 형편에 맞는 냉면을 먹으면 된다.

《규합총서》에는 우리나라 냉면의 원형이 가장 잘 기록되어 있다. 《규합총서》의 냉면에는 빨간 석류와 노란 유자가 들어가 아름답고, 상큼하고 향긋하여 눈, 코, 입에 모두 아름답게 느껴진다. 이렇게 아름다운 《규합총서》의 냉면을 참고하여 건강에 좋고 냉면 맛을 더욱 배가해 주는 식초를 첨가하여 냉면을 만들어 보았다. 고명은 꼭 배나 고기가 아니더라도 열무김치나 제철에 구할 수 있는 과일을 올리면 된다. 육수는 끓이지 않기 때문에 먹는 사람의 건강을 고려해 식초는 꼭 넣는 것이 좋다. 냉면은 이름 그대로 시원하면 된다.

재료 메밀국수 130g, 삶은 계란 1/2개, 열무김치 50g, 배 1쪽, 편육 30g, 잣 10알, 계란 지단 1줌
육수 열무김치 국물 250mL, 식초 3t, 간장 2t, 설탕 1t, 소금 2g, 석류 1/4 컵

메밀국수는 삶아서 얼음물에 헹군다. 배는 반달 모양으로, 소고기 편육은 0.3cm 두께로 썬다. 열무김치 국물에 식초, 간장, 소금, 설탕을 넣고 잘 섞은 다음 그릇에 육수를 담고 메밀국수를 올린 뒤 배, 편육, 계란 지단을 소복이 올린다.

냉면과 식초

육수에 식초를 넣지 않고 따로 두어 선택하게 하는 것으로 보아 식초는 냉면의 필수요소는 아닌 것 같아 언제부터 냉면에 식초와 겨자를 곁들여 먹기 시작했는지에 대한 의문이 들곤 하였다. 고조리서에 냉면에 대한 언급은 있지만《규합총서》를 제외하고는 구체적인 조리법이 없다.《규합총서》에도 식초는 냉면의 재료로 등장하지 않고 비교적 원형에 가깝게 먹고 있는 평양냉면도 육수 자체에 식초는 넣지 않고 가물가물한 진주냉면도 식초는 넣지 않는 것으로 기억되고 있다. 앞서 소개한 창국과 수란채, 초계국수, 임자수탕을 만들면서 고깃국물과 식초가 얼마나 잘 어울리는지 경험을 한 뒤라 냉면, 특히 고기 육수를 넣은 여름냉면에 식초나 겨자를 처음부터 넣지 않는 것이 나를 설득시키지 못했다. 메밀면에 끼치는 식초의 영향도 생각했지만 수란채나 초계국수도 메밀면을 넣었으므로 면과 식초의 관계는 무관하다. 냉면과 여름 국수의 몇 가지 차이점 중 하나도 육수에 식초를 첨가하는가 여부에 있다.

냉면에는 식초가 들어가지 않았다. 언제부터 냉면에 식초를 곁들여 먹었는지, 옛날에는 육수에 식초를 넣었는데 찾을 수 없는 것인지 알 수가 없다. 진짜 평양냉면은 식초를 냉면 육수에 넣지 않고 면에 뿌려서 먹는다고 하는데 식초가 푸석푸석한 메밀면에 탄력을 주려는 의도라면 육수에 영향을 주지 않기 위해서라도 식초는 따로 있어야 한다. 또 육수와 따로 식초를 두는 것은 원래의 맛을 고집하는 사람과 좀 더 새로운 맛을 좋아하는 사람이 있어 이들을 위한 배려에서 식초병을 따로 두고 있다고 생각한다.

찬 성질의 메밀과 찬 육수로 인한 부작용을 줄이고 찡한 맛을 내는 데 큰 조력을 하는 식초의 선택은 정말로 탁월하다. 식초는 몸 안에 뭉친 것을 풀어 주고 몸의 순환을 도우며 특히, 냉면 육수로 인해 생기는 설사나 식중독을 식초가 예방하는 효과도 있으므로 냉면을 먹을 때는 가급적 식초를 넣어 먹는 것이 좋다. 그냥 냉면을 먹는 것보다 식초나 겨자를 추가하는 과정이 더 있는 것은 냉면을 더욱 섬세한 음식으로 보이고 음식 맛의 균형을 잡는 중요한 행위가 아닐까 생각한다. 음식은 끊임없이 진화한다. 이 과정에서 원형을 잃기도 하고 원형은 갖추되 맛과 모양을 향상시킨 음식이 나오기도 한다. 지금 우리가 좋아하는 음식도 앞으로 이어질 긴 세월과 바뀌는 환경에서 또 다른 모습으로 변화할 것이다. 따라서 냉면과 식초의 관계도 이런 맥락에서 연을 맺게 된 것이라고 결론을 내린다.

메밀골동면

골동면은 국물을 넣지 않고 여러 가지 양념을 넣어 고루 비벼 먹는 비빔국수다. '골동(骨董)'이란 뜻은 여러 가지 재료가 섞인다는 뜻이다. 골동면은 계란 지단, 배 등을 얹어 격식을 갖춰 먹기도 하지만 허물없는 사이에는 오이, 상추와 함께 김치를 송송 썰어서 넣어도 맛이 있다. 메밀국수는 혀에 감기는 밀국수에 비해 면발이 뚝뚝 끊어져 식감은 떨어지지만 다른 곡물에 부족한 라이신(Lysine)과 루틴(Rutin)이 많다. 1901년 고종 황제가 주최한 헌종의 계후(繼后) 명헌대비(明憲大妃)의 71세 생일 축하연에 골동면이 잔칫상에 오른다. 골동면은 간장, 참기름, 후춧가루로 양념하고 소고기 편육과 계란 지단, 잘게 썬 파와 들깻가루가 고명으로 올라갔다. 이전의 기록에는 골동면에 각종 전과 나물, 편육을 올렸다고 한다. 지금의 비빔면처럼 고춧가루나 고추장이 들어가지 않는 간장 비빔면이다. 뜨쑥한 메밀의 맛을 끌어내기 위해 녹차 식초를 넣었더니 각각 놀던 양념의 맛이 하나가 된다. 선인들이 먹던 고소하면서 상큼함이 더해진 골동면이 참으로 마음에 든다.

Tip 참기름을 들기름으로 대체하여도 좋다.

재료 메밀면 120g, 소고기 사태 편육 20g, 장조림 간장 4T, 식초 1T, 설탕 1/2T, 참기름 1/2T, 들깻가루 2T, 후춧가루 3g, 쪽파 2줄기, 김 가루 2T, 계란 지단

끓는 물에 메밀면을 2분 30초 정도 삶은 다음 찬물에 헹궈 체에 밭쳐 물기를 제거한다. 소고기 사태 살은 삶아서 편육용에 맞게 썰고 계란 지단은 황·백을 섞어서 부치고 쪽파는 잘게 썰어 둔다. 장조림 간장에 식초, 설탕, 참기름, 후춧가루, 썬 쪽파를 넣고 잘 섞는다. 메밀면을 그릇에 담고 간장 액을 면 위에 골고루 뿌린 뒤 들깻가루, 김 가루와 계란 지단을 고명으로 얹는다.

쪽파절임

고추장과 간장, 소금, 참기름, 식초를 섞어서 채소를 절이는 특이한 배합의 절임을 소개한다. 이름은 쪽파절임이지만 쪽파보다는 달래나 마늘잎이 더 잘 어울리므로 그때그때 시절에 맞는 재료로 만들면 된다. 쪽파 장아찌는 한 가지 재료로 담가도 좋고 두세 가지 재료를 서로 합하면 먹는 재미가 더 있다. 채소에 식초와 간장 또는 식초와 소금을 넣은 초절임은 깔끔하지만, 맛이 깊지는 않다. 간장이나 소금으로 절인 초절임은 성품이 지나치게 깔끔한 사람이 풍기는 쌀쌀한 분위가 있어 고기를 먹을 때 이외에는 자꾸 손이 가지 않는다. 식초와 간장, 소금의 간결한 맛을 고추장과 참기름, 설탕이 보강한 절임에서는 따뜻함이 느껴져서인지 맵지만 자꾸만 먹게 된다. 쪽파절임에 들어가는 양념은 취향대로 조절하면 된다. 매콤, 달콤, 상큼, 짭조롬 등 모든 맛과 파와 무의 식감까지…. 우연히 제대로 된 사람과 대화를 나눌 때의 즐거움을 쪽파절임이 담고 있다. 음식도 들어가는 양념에 따라 차가움이 때론 따뜻함이 담기는 것이 꼭 인격을 가진 것 같다. 각각 어떤 음식에 비유될 수 있는지…. 찡한 물냉면 같은 사람? 아니면 들깨를 넣은 시래깃국 같은 사람? 아니면 진한 맛을 가진 쪽파절임처럼 속 깊은 사람인지….

재료 쪽파 300g, 무 100g, 소금 12g, 간장 1.5T, 고추장 2T, 참기름 1T, 설탕 5g, 식초 10g, 참깨 조금

쪽파는 약 5cm 길이로 썰어 소금을 뿌려 두었다가 물기가 나오면 제거하고 무는 쪽파와 같은 길이와 두께로 채를 썰어서 소금을 뿌리고 물기가 생기면 물기를 꼭 짜 준다.
고추장에 간장, 식초, 설탕을 넣고 양념장을 만들어 쪽파와 무를 양념장으로 무친 뒤 참기름을 넣고 가볍게 섞어 준다. 그릇에 담고 깨소금을 뿌려 준다.

염교초절임

생선회나 초밥에 '염교 초절이'가 꼭 곁들여져서인지 락교라고도 하는 염교초절임은 일본 음식이고 당연히 염교는 일본 채소라고 생각하게 된다. 염교밭이나 염교를 시장에서 본 일이 없으니 지극히 자연스러운 일이다. 염교의 생김새는 마늘이나 달래, 쪽파 머리를 닮았고 겹겹이 쌓인 속살은 작은 양파를 쏙 빼닮았다. 예전에 염교는 김치를 담글 때 사용했는데 김치의 맛을 시원하게 해준다. 염교를 데쳐서 염교 김치를 먹기도 하였다. 염교는 매운맛이 양파보다 순하고 양파보다 아삭거리는데 차갑게 먹으면 아삭한 식감이 더욱 살아난다. 염교는 생선초밥 이외에도 볶음밥, 카레 등 기름이 들어간 음식과도 잘 어울린다. 〈정조지〉 권4 교여지류(咬茹之類) 유엽구방(柳葉韭方, 버들잎부추나물 만들기)에 보면, "대개 채소를 데칠 때는 반드시 뿌리 쪽을 가지런히 한다[蓋于煠時, 必齊其本]."라고 하면서 염교를 예로 들었는데 "둥글면서 가지런함이 옥젓가락 머리라네[圓齊玉筯頭]."라는 두보(杜甫)의 시를 들어 염교의 가지런히 삶아진 모습을 옥 젓가락 머리에 비유하였다. 샬롯이 마늘과 양파의 중간 맛을 품고 있는 식재료로 인기가 있는데 염교는 양파, 마늘, 달래, 쪽파의 맛을 내기에 우리 한식의 맛을 더욱 풍부하게 해줄 수 있어 꼭 많이 사용해야 할 식재료다.

재료 염교 500g, 소금 40g, 식초 1컵, 설탕 1컵, 조미용 술 2T, 물 1컵, 차조기 잎 한 움큼

염교를 소금에 잘 섞어 두었다가 염교에서 소금물을 따라 낸다. 소금물에 식초, 설탕, 조미용 술, 물을 넣고 끓인 뒤 식혀 차조기와 염교를 넣는다. 하룻밤을 실온에 두었다가 냉장 보관한다.

염교

삼국 시대에 전래한 염교는 파, 마늘, 양파와 같은 '백합과 채소'에 속하며 돼지파, 해(薤), 해채(薤菜)라고도 하는데 허한 것을 보하는 기능이 있다고 하였다. 북송(北宋) 때의 《증류본초(證類本草)》에 보면, "비록 맵기는 하지만 오장(五臟)에서 매운 냄새가 나지 않아 도가(道家)에서 일상 식용한다."라고 하였다. 고려 말 조선 초의 문신 이첨(李詹)의 《쌍매당협장문집(雙梅堂篋藏文集)》에 보면 "밭가에 염교의 새잎이 돋았다."라고 하여 당시 염교가 재배되었음을 알 수 있다. 또, 1459년 전순의(全循義)가 편찬한 《산가요록(山家要錄)》에는 염교를 동아, 순무, 부추 등과 함께 겨울에 온실에서 재배한다고 하였다. 염교는 성질이 따뜻하고 매우며 장을 소통시키고 차가운 기운을 몰아낸다고 한다. 염교는 위장의 기운을 올리고 차가운 생선회를 먹을 때 부작용을 줄인다.

개복숭아장아찌

몇 해 전 봄 어느 산사에서 맛보았던 장아찌다. 젊은 비구니 스님이 차린 여러 정갈한 반찬 중 간장 빛깔 열매가 유독 시선을 끌었다. 누군가 조용히 개복숭아로 만든 장아찌라고 속삭인다. 평범함 속에 담긴 특별한 맛을 내게 하는 절임 재료가 무엇인지 궁금증으로 가득 차 있어 머릿속만 뒤숭숭하다가 공양간을 떠나기 전 비구니 스님에게 조심스럽게 조리법을 물었다. 그 사람만이 간직하고 싶을지도 모르는 보물과도 같은 조리법을 물어보는 것은 여간 용기를 내야 하는 일이 아니다. "매실식초로만 담그면 됩니다. 다른 것은 아무것도 넣지 않아도 됩니다. 식초를 끓일 필요도 없습니다." 비구니 스님에게 여러 번 고맙다는 인사를 하는데 스님이 개복숭아장아찌를 담아서 말없이 내 손에 건네신다. 개복숭아장아찌는 맛도 맛이지만 음식은 나눔이고 장아찌는 두고두고 나누어 먹기에 좋은 음식이라는 것을 알리고 싶어서다. 개복숭아에 더해진 매실식초는 우리 선인들이 가장 즐겨 먹던 식초라 더 의미가 크게 다가온다. 씨를 빼낸 자리가 볼우물처럼 살짝 파인 비슷하면서 조금씩 다른 모습과 크기의 개복숭아 식초가 사랑스러워 한참을 바라본다. 개복숭아장아찌는 간장을 사용하지 않았기에 '개복숭아피클'로 이름 지어도 괜찮을 것 같다.

재료 개복숭아 1kg, 매실식초 3L

개복숭아를 씻어 물기를 제거한 후 반으로 갈라서 씨를 빼낸 다음 유리병 안에 담고 매실식초를 개복숭아가 잠길 때까지 붓는다.

조절임

작은 물고기를 식초에 절인 다음, 물기를 제거하고 볶은 조를 넣어서 발효시키는 음식이다. 식초에 절인 청어를 오이피클과 함께 먹는 '롤몹스'를 만들려던 중 우리 전통음식에 조절임이 있다는 것을 알게 되었다. 동서양을 막론하고 작은 물고기를 식초에 절여서 다양한 음식으로 활용하는 것은 공통이었던 것 같다. 작은 물고기를 식초에 절인 다음 볶은 조와 함께 발효시킨다는 것 이외에 자세한 조리법은 알 길이 없어 식초에 매운 건고추와 된장을 넣어 감칠맛과 매운맛을 더해 밥반찬으로 좋도록 하였다. 물고기는 민물이나 바다에서 나오는 것 모두 좋다. 식초로 마리네이드하여 볶은 조와 된장이 삭혀낸 조절임은 식초의 미덕을 잘 살려낸 음식이다. 취향에 따라서 조는 제거하고 생선만 먹어도 된다. 함경도 지방의 대표적 발효식품인 가자미식해와 조밥을 사용하는 것이 다르다. 조절임은 우리 전통음식이지만 양념이나 조리법에 변화를 주면 세계인의 음식으로도 손색이 없을 것 같다.

재료 조 1컵, 생멸치(작은 물고기) 350g, 식초 3컵, 매운 건고추 5개, 된장 1컵, 액젓 1/2컵

작은 물고기를 깨끗이 손질하여 물기를 뺀 다음 식초를 부어서 따뜻한 곳에 2일 정도 둔다. 조를 볶아 두었다가 건고추, 된장, 액젓과 함께 골고루 섞은 다음 작은 물고기와 잘 섞어 항아리에 넣고 발효시킨다.

초절이 삼겹살

잔칫날 소나 돼지를 잡으면 음식에 다 사용되지만 갑작스럽게 생긴 고기는 한 번에 먹을 수도 없으니 고민스러운 일이 된다. 물론 나누어 먹으면 되지만 은밀한 곳에 두고 오래오래 곶감처럼 빼 먹고 싶을 때도 있다. 그러다 마음이 내키면 나누어 먹으면 될 일이다. 냉장고가 없던 시절 산 아랫마을에 사는 사람이 산에서 내려온 멧돼지를 잡게 되었는데 하루 이틀 먹기에는 양이 너무 많았다. 고민 끝에 장아찌처럼 고기를 절이기로 한다. 항아리에 고기를 넣고 식초, 간장, 술을 부었다, 소나무 잎도 함께 넣고 절여 두었다. 보름 뒤 손님과 술 한잔을 하려고 절인 고기를 꺼내 얇게 썰어서 구워 대접하였다. 담백하면서도 감칠맛 나는 고기맛에 자꾸만 손이 간다. 그날 밤 항아리에 담겨 있던 초절이 멧돼지를 다 먹었다고 한다. 고기를 식초와 간장에 절이는 일은 뜻하지 않게 생긴 고기를 오래 두고 먹을 수 있는 고기 보관법이다. 현대인이 가장 좋아하는 삼겹살로 초절이를 하면 지금까지 먹어 보지 못한 담백하면서 깊은 짭조름한 맛을 지닌 새로운 개념의 삼겹살을 먹게 된다. 짜다고 느껴지면 기름에 지진 두부와 함께 먹으면 좋은데 잘 어울리는 기름은 산초 기름이다.

재료 통삼겹살 2근, 진간장 200mL, 집간장 20mL, 술 50mL, 식초 50mL, 매실청 50mL, 물 100mL, 통후추 20알, 마늘 20톨, 월계수 잎 3개

삼겹살은 통으로 준비하고 삼겹살과 월계수 잎을 제외한 모든 재료를 한 번에 넣고 섞는다. 삼겹살을 밀폐 용기에 담고 식초양념액을 부은 다음 월계수 잎을 넣는다. 삼겹살이 가라앉도록 무거운 돌로 누르고 실온에서 12시간 숙성시킨 다음 냉장고에 넣고 7일이 경과하면 먹을 수 있다.

난황장아찌

전통음식에 오방색을 배치할 때 중앙에 두는 것이 황색, 즉 노란색이다. 비빔밥의 한 가운데 난황을 올리는 것이 바로 황색을 중앙에 배치하기 위함이다. 오방색은 흰색, 검정색, 황색, 붉은색, 청색을 말하는데 황색은 존엄과 고귀함을 상징하며 황제만이 황색 옷을 입을 수 있었다. 익히지 않은 돌솥비빔밥처럼 뜨거운 음식에 난황이 오르면 익혀서 먹을 수 있어 괜찮지만 찬 음식에 올라오면 멈칫하게 된다. 균이 있지는 않을까? 라는 염려와 간이 되지 않은 난황이 다른 재료의 맛을 해칠 것 같아서다. 난황장아찌는 식초가 단백질을 굳히는 성질을 이용하여 만드는 장아찌다. 간장의 맛이 부드러운 난황에 서서히 스며들어서 난황 자체만으로도 충분히 맛이 있다. 지진 두부나 뜨거운 밥 위, 비빔국수, 파스타, 볶음국수 등 어떤 음식과도 잘 어울린다. 난황장아찌는 음식의 맛을 부드러우면서 풍성하게 해준다. 참! 뜨거운 햄버거 패티에 올려 살짝 익힌 다음 햄버거 빵으로 살며시 누르면 난황이 빵과 고기에 더해지면서 부드럽고 깊은 맛의 햄버거가 된다.

재료 식초 50mL, 집간장 10mL, 간장 50mL, 청주 20mL, 계란 노른자 3개

간장에 식초, 청주를 넣고 섞어 둔다. 계란 노른자를 분리한 다음 만들어 둔 식초 간장에 넣고 하루를 두어 간이 배도록 한다. 간장 물에서 조심스럽게 꺼내서 밥, 비빔밥, 덮밥 등에 얹어 먹는다.

표고버섯국

식초의 맛이 가장 극적으로 드러나는 음식으로 표고버섯국을 선택하였다. 표고버섯국이라는 구체적인 이름으로 만든 음식은 없지만, 우리 조상들이 식초를 넣은 음식을 즐겼으며 심지어는 국에도 식초를 듬뿍 넣어 먹었다는 기록에 근거하여 만든 음식이다. 〈정조지〉 속 식초를 활용한 다양한 음식들의 향연에서 '식초가 듬뿍 들어간 국'을 선인들이 즐겨 먹었을 것 같다. 식초가 주는 청량감이 맑은 버섯과 잘 어울릴 것 같아 국의 주재료로 버섯을 선택하였다. 버섯 중 송이버섯을 최고로 치기는 하나 고가이므로 다시마 육수에 향이 좋은 표고버섯을 손으로 찢어 넣고 집간장과 현미식초를 넣어서 풍부한 맛을 살렸다. 단순, 간결, 절제의 미를 식재료인 표고버섯과 식초의 멋진 조화로 이루었다. 수십 가지 양념과 현란한 기교, 성능 좋은 조리도구로 만든 도시의 음식에서 벗어나 미각이 휴식하고 싶다면 좋은 버섯 몇 개와 좋은 식초 한 수저면 족하다.

재료 표고버섯 5개, 집간장 1t, 식초 2t, 다시마 육수 300mL

찬물에 다시마 육수를 우리고 표고버섯은 손으로 찢어서 준비해 둔다. 다시마 육수를 끓이다가 끓으면 표고버섯을 넣고 2분 뒤 불을 끈다. 표고버섯국에 간장과 식초를 넣는다.

콩나물냉국

'콩나물을 먹는 민족', '콩으로 나물을 만들어 비타민 C를 해결한 민족'이라고 할 만큼 콩나물은 우리 식문화의 정체성이 담긴 식재료 중 하나다. 콩나물에는 콩에는 없던 비타민 C를 함유하고 있어 겨울철 부족한 비타민 C를 섭취할 수 있다. 콩나물은 김치, 냉채, 비빔밥, 나물, 국 등의 형태로 빠지지 않고 밥상에 오른다. 특히 담백한 콩나물국은 차게 먹어도 그 맛이 좋아 예로부터 냉국으로 많이 먹었다. 물론, 남은 콩나물국을 냉장고에 넣어 두어도 냉국이 되지만 식초와 생강을 넣어서 상큼함을 강조한 냉국이다.

재료 콩나물 300g, 소금 10g, 청장 1T, 식초 1T, 설탕 1t, 파 1/2개, 마늘 2쪽, 붉은 고추 1개, 생강 조금

콩나물을 연한 소금물에 살짝 데쳐서 식히고 생강, 파, 마늘은 곱게 채를 썰어서 콩나물에 넣고 조물거려 둔다. 찬물에 간장, 식초, 설탕, 붉은 고추를 넣고 콩나물을 넣어 차가워지면 먹는다.

굴냉국

굴냉국은 겨울에 식초를 탄 동치미 국물을 부어 만드는 별미 냉면으로 새콤한 맛이 일품이다. 굴과 동치미 국물만 있으면 불을 이용하지 않고 간편하게 만들 수 있다. 만약, 동치미 국물이 없으면 일반 김칫국물이나 육수를 넣고, 배즙, 식초, 간장, 설탕으로 간을 맞춰도 된다. 굴은 익히지 않지만, 식초가 굴의 조직을 수축시켜 탱글탱글한 식감을 느끼게 한다. 또 식초가 식중독을 예방해 주므로 맛있고 건강한 굴냉국을 먹을 수 있게 한다. 서양에서는 생굴을 먹을 때 레몬즙을 뿌리거나 다진 샬롯을 넣고 식초와 함께 먹어 동서양을 막론하고 식초가 굴을 먹을 때 빠져서는 안 되는 식재료라는 것이 공통점이다. 굴냉국은 냉면의 면을 굴이 대신한 듯하여 면과 굴을 조합한 겨울철 별미로 굴냉면을 만들어 볼 계획도 하게 한다. 〈정조지〉에는 굴이 맛은 달고 성질은 따뜻하며 독이 없다. "삶아서 먹으면 허손(虛損)을 치료하며 속을 조화시키고 갈증을 그치게 한다."라고 하였고, 또 "구워 먹으면 맛이 매우 좋고 피부를 부드럽고 통통하게 해주고 안색을 밝게 한다"라고 하였다. 굴냉국은 누가 만들어도 맛이 없을 수 없는 냉국이다. 영양 만점 굴로 때에 따라서는 뜨겁게도 차갑게도 국을 만들어 먹을 수 있다는 것을 기억하기 바란다.

Tip 굴에 녹말을 입힌 다음 살짝 익혀서 굴냉국을 만들어도 좋다.

재료 굴 200g, 동치미 국물 200mL, 깨소금 2t, 간장 1t, 식초 1T, 다진 파 1/2T, 마늘 1t, 고운 고춧가루 1t

---

굴을 물에 깨끗이 씻어 물기를 빼 둔 뒤 식초, 다진 파, 마늘, 고춧가루, 깨소금, 간장을 넣고 무친다. 무친 굴을 그릇에 담고 동치미 국물을 붓는다.

쑥갓채

쑥갓채라는 평범한 이름의 음식을 만들어 그 맛을 본 뒤 아름다운 모습과 향기와 맛에 빠져 버렸다. 비췻빛이라는 아름다움을 강조한 푸른빛이 비취가 아니라 쑥갓채에서 비롯된 것이 아닐까 하는 생각도 하였다. 비췻빛 옥비녀를 찌른 여인의 모습이나 수양버들이 강물 위에 비췻빛으로 어른거리는 장면이 그림처럼 펼쳐진다. 녹말 물을 입은 쑥갓과 향기롭고 고소한 잣은 먹어 보지 않으면 도저히 상상조차 할 수 없는 맛이다. 이 아름다운 음식이 더 잊혀지기 전에, 이렇게나마 책에 실려 기억될 수 있음을 다행으로 생각한다. 쑥갓채가 유독 아름다운 이유는 세상의 음식이 식재료가 화려하고 조리법은 현란해지고 있기 때문이다. 수수한 쑥갓으로도 한 폭의 수채화 같은 아름다운 한식이 나올 수 있음은 한식이 걸어가야 하는 길의 하나로 우리를 안내한다.

재료 쑥갓 100g, 녹말가루 1/2컵, 통깨 1/2컵, 간장 1T, 식초 2T, 잣 1T, 물 650mL

쑥갓은 씻어서 물기를 빼고 녹말가루를 묻혀서 팔팔 끓는 물에 데친 뒤 찬물에 담갔다가 건진다. 통깨에 물을 넣고 분쇄기로 곱게 갈아 낸 뒤 식초, 집간장으로 간을 맞추고 잣은 거칠게 다진다. 통깨를 넣어 간 물에 쑥갓을 넣고 잣을 올린다.

삼색나물채

격식을 갖춘 상에는 삼색나물이라 하여 시금치, 도라지, 고사리가 색색으로 담겨 한 접시에 올랐다. 취나물이 맛있다고 시금치나물을, 숙주나물이 간편하다고 도라지나물을 대신하지 못했다. 이렇게 단단한 삼색나물 동맹도 잠시 깨지는 경우가 있는데 시절로 인한 한계 때문이다. 여름에는 삼색나물 중 시금치가 맛이 없고 잘 쉬기 때문에 삼색나물의 종류는 달라진다. 고사리나 도라지처럼 말려서 쓸 수 없는 설령 말려도 푸른빛을 유지할 수 없는 시금치의 한계 때문이다. 쑥갓으로 시금치를 대신하지만, 눈으로도 도라지와 고사리가 쑥갓을 밀어내는 듯하고 맛의 조화를 이루지 못한다. 불 요리를 줄이게 되는 여름 삼색나물의 동맹을 과감하게 깨고 새로운 삼색나물 동맹을 만들었다. 쓴소리를 잘하지만 늘 한결같은 도라지는 넣어 어느 정도 삼색 동맹을 지지하던 세력의 불만은 나오지 않도록 하였다. 오이, 도라지, 숙주처럼 삶지 않아야 식감이 좋은 채소로 삼색나물을 만든다. 삼색나물에는 채소의 특성에 따라 양념을 달리하지만 식초는 꼭 넣어야 한다. 삼색나물 냉채는 고춧가루로 물들인 도라지의 붉은색, 비췻빛 오이, 상앗빛 숙주가 삼색 신호등처럼 밥상을 지켜 준다.

재료 도라지용 도라지 130g, 고운 고춧가루 3t, 깨소금 2t, 곱게 다진 파 조금, 다진 마늘 2t, 참기름 3t, 식초 3t 오이용 오이 2개, 겨자즙 1T, 깨소금 2t, 식초 1T, 설탕 4t
숙주나물용 숙주나물 130g, 깨소금 2T, 참기름 2T, 식초 2.5T, 소금 3g

도라지는 가늘게 찢어 소금으로 주물러 부드럽게 한 다음 냉수에 헹궈 두고 오이는 5cm 길이로 잘라 돌려 깎기를 하여 가늘게 채를 썬다. 도라지는 깨소금, 설탕, 식초, 고춧가루, 파, 마늘, 참기름을 넣어 무치고, 오이는 겨자, 깨소금, 식초, 설탕으로 무친다. 숙주나물을 머리와 꼬리를 뗀 다음 살짝 데쳐서 깨소금과 참기름, 식초를 넣는다. 도라지, 오이, 숙주나물을 한 접시에 담는다.

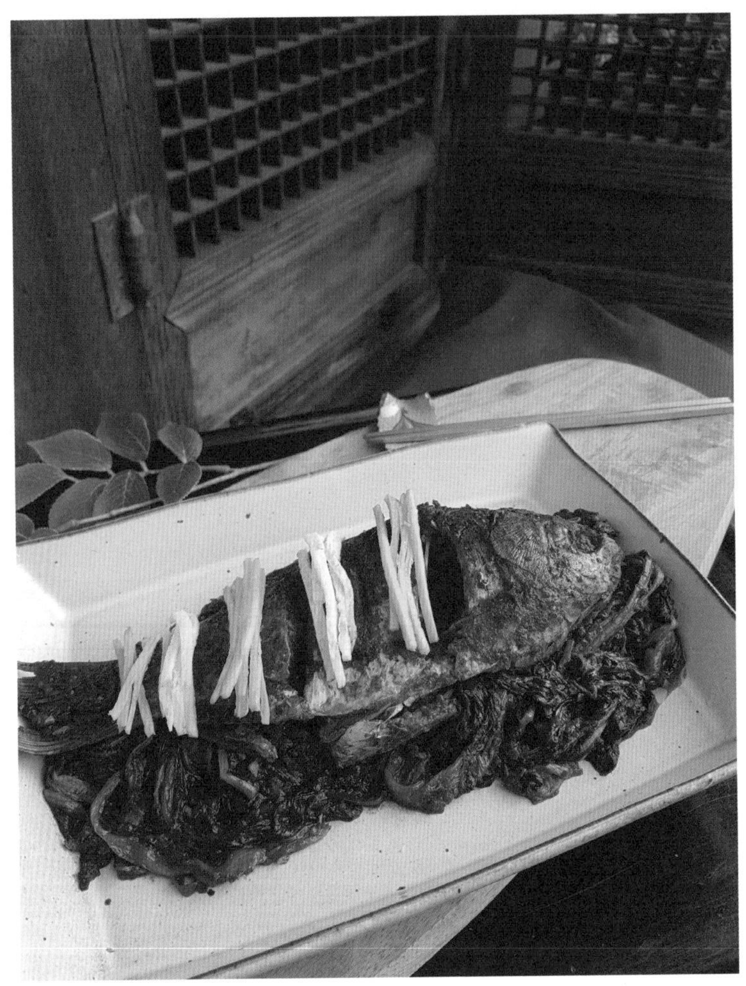

Tip 붕어는 다른 조림보다 바특하게 조리는 것이 좋다. 붕어를 조리는 시간이나 김을 들이는 시간은 붕어의 크기에 따라 다르다. 식초에 담근 붕어를 김을 들인 다음 기름에 살짝 튀겨서 붕어찜을 하면 살이 부드러움을 유지하면서도 단단한 맛있는 붕어찜이 된다.

* **초침품**

물고기를 식초에 담가서 뼈까지 무르게 한 음식. 민물 생선을 찜이나 탕, 즙을 만들 때 초침품을 하고 김을 들인 뒤 조리하면 흙냄새와 비린내가 제거된다.

붕어조림

여름이면 부드러운 시래기를 깐 붕어조림을 많이도 먹었다. 고단백 식품인 붕어는 성장 발육과 기력 보강에 좋은 식품이다. 고추장 양념에 바짝 조려진 붕어살의 감칠맛 나는 맛도 별미이지만 붕어의 달고도 깊은 살 맛이 들어간 시래기가 은근슬쩍 붕어 맛을 압도하는 것도 붕어조림에서 낚는 즐거움이었다. 여름이면 아버지의 낚싯줄에 걸린 붕어로 붕어찜을 자주 했는데 붕어의 비린내는 넘어야 할 산 같았다. 엄마는 붕어찜을 할 때 잠깐 초침품한 붕어를 한 김 들인 다음 식초를 양념에 넣어 조림을 하였다. 시래기도 식초로 인해 더 부드럽고 조림 국물도 밥을 비벼 먹어도 될 정도로 깔끔하다. 붉은빛 붕어조림 위에 마름모꼴 황백 계란 지단과 쑥갓을 얹는 순간 극적인 생동감이 더해져 붕어가 펄떡이며 냄비 안에서 나올 것 같다.

재료 붕어 양념 참붕어 5마리, 물에 삶아 껍질을 벗긴 시래기 600g, 식초 2T, 고운 고춧가루 3T, 거친 고춧가루 3T, 고추장 4T, 참기름 3T, 멸치육수 500mL, 양파즙 1/2컵, 대파 1줄기, 찧은 마늘 1/2컵, 간장 1/3컵, 설탕 1/4컵, 물엿 1/4컵, 미림 1.5T, 소주 1T, 후춧가루 1t, 통깨 조금, 생강 조금, 쑥갓잎 약간
시래기 무침 양념 고추장 1/3컵, 거친 고춧가루 2T, 고운 고춧가루 1T, 청장 3t
초침품액 식초 2컵, 물 1/2컵

붕어는 비늘을 깨끗이 벗기고 손질하는데 큰 붕어는 칼집을 넣어 식초 물에 30분~1시간 정도 담가 둔다. 붕어는 가볍게 물에 씻은 다음 김이 오르는 찜기에 넣고 2분 정도 김을 들인다. 시래기는 시래기용 양념으로 무쳐서 재워 둔다. 그릇에 고추장, 고춧가루, 식초, 양파즙, 마늘, 생강, 파, 설탕, 물엿, 미림, 소주, 후춧가루, 통깨를 넣고 잘 섞어 붕어에 전체 양념의 2/3를 바른 뒤 1/3은 남겨 둔다. 냄비 바닥에 시래기를 깔고 김을 들인 붕어를 올리고 양념을 충분히 발라주는데 붕어 양념액이 칼집을 낸 자리에 잘 배도록 신경을 쓰며 붕어의 앞뒤 면에 바른다. 불에 냄비를 올린 다음 멸치육수를 붓고 중간 불에서 약 20분 조리는데 남은 양념액을 수시로 붕어에 발라 준다. 중약불에서 양념액을 발라가며 40분 정도 조리고 약한 불에서 10분 정도 뜸을 들인다. 그릇에 시래기를 깔고 붕어를 올린 다음 계란 지단과 쑥갓잎, 통깨 등으로 장식한다.

영주태평초

태평초는 영주 지역의 메밀묵과 돼지고기 그리고 김치를 육수에 넣고 끓인 영주의 향토음식으로 태평추, 묵두루치기라고도 하며 술안주로 먹었다고 해서 태평주라고도 한다. 궁중의 탕평채를 부러워한 민가에서 청포묵과 소고기 대신 메밀묵과 돼지고기 김치찌개를 함께 끓여 먹으며 태평초라 불렀다는 설이 전해 내려온다. 태평초에 담긴 이야기도 의미가 있지만 식초 음식을 찾는 내 눈에는 태평이라는 단어보다 '초'라는 단어를 주목하게 된다.

돼지고기와 함께 메밀묵을 주재료로 들기름, 들깨, 제피, 김 가루, 고춧가루가 양념으로 들어간 태평초의 원형은 탕평채처럼 국물이 없이 볶아 먹는 음식이었다고 한다. 조선 초기의 음식이라면 당연히 고춧가루가 들어오기 전이라 태평초는 지금과는 다른 맛이었을 것이다. 지금은 태평초가 들깨칼국수, 묵김치찌개, 김치해장국 등으로 재해석되어 판매되고 있다. 오랜 세월 만드는 사람의 환경과 먹는 사람의 입맛에 따라 변했을 태평초의 원형을 당시 많이 먹었던 양념을 넣어 재현해 보았다. 제피의 맵고 상쾌한 향과 김치의 칼칼한 맛에 들기름의 고소한 향기를 식초의 개운함으로 정리한 태평초를 타고 조선시대로 떠나 본다.

재료 메밀묵 1/2모, 돼지고기 150g, 김치 1/4포기, 들기름 3T, 밀가루 1.5T, 집간장 1T, 물 4T, 제피 1t, 식초 2T, 청주 1T, 후춧가루 조금, 대파 1/2대

김치는 속을 털어내어 10분 정도 물에 담가 두고, 메밀묵은 길이 5cm, 폭 1.5cm, 두께 1cm 정도로 썰어 둔다. 돼지고기는 먹기 좋은 크기로 썰어서 청주와 후추, 제피로 밑간을 해 두고, 밀가루에 물과 집간장을 넣고 멍울이 없도록 개어 둔다.
뜨거운 팬에 들기름 2T를 두르고 중강불에서 돼지고기를 볶다가 고기가 반쯤 익으면 식초를 넣는다. 김치를 넣고 중불에서 볶다가 김치가 부드러워지면 들기름 남은 양을 넣고 밀가루 물을 넣는다. 밀가루 물이 끓으면 묵과 대파를 넣고 묵이 부서지지 않도록 주의하며 묵을 익힌다.

황금 묵은지 볶음

학창 시절 내내 새 학년이 시작되는 3월이면 점심시간은 볶은 묵은지 냄새가 가득하였다. 내 도시락에는 묵은 배추로 담근 새 김치가 들어 있었기에 묵은지 냄새를 맡는 것이 나에게는 고역이었다. 물론 엄마도 묵은지 볶음을 상에 올렸지만 묵은지 냄새를 유자청으로 없앤 상큼한 묵은지 볶음이었다. 봄이 되면 김치의 몰골은 영 말이 아니다. 화려했던 붉은 옷은 낡고 통통했던 볼은 생기를 잃었다.

냉장고 청소를 하다가 2년 묵은 김치 한 쪽을 발견했다. 고등어를 조리거나 김치찌개를 하고 싶지만, 고등어도 돼지고기도 없다. 즐겨 보는 음식 프로그램에서 배를 화이트 와인, 설탕, 레몬제스트, 샤프란을 넣고 졸여 멋진 디저트를 만드는 것을 본 기억이 떠올랐다. 샤프란 대신 치자로 황금빛 묵은지를 만들면 어떨까? 묵은지의 쿰쿰한 맛은 레몬식초로 제거하면 상큼하면서도 예쁜 묵은지 볶음이 될 것이다. 가끔 묵은지 볶음을 할 때마다 레몬식초를 넣어 냄새는 제거할 수 있지만, 누런색은 항상 별로라 상에 올리는 것이 꺼려지곤 하였다. 식초로 맛을 낸 다음 치자로 멋을 부린 황금 묵은지 볶음으로 모두들 밥 한 그릇을 뚝딱 비운다.

재료 묵은 김치 400g, 치자 가루 1T, 들기름 3T, 밀가루 1T, 레몬식초(매실식초, 유자 식초) 2T, 다진 파 한 줌, 청주 1T, 멸치육수 1/2컵, 채 친 레몬 껍질 조금, 통깨 약간

묵은 김치를 물에 씻은 뒤 30분 정도 물에 담가서 짠기를 빼고 먹기 좋은 길이로 자른 다음 팬에 들기름을 두른 후 묵은 김치를 넣고 약불에서 10분 정도 볶는다.
멸치육수에 밀가루와 치자 가루, 설탕을 넣고 잘 저어 볶음김치에 붓고 볶다가 레몬식초와 레몬 껍질, 청주, 다진 파를 넣고 3분 정도 더 볶은 뒤 수분이 없어지면 불을 끈다. 접시에 담고 통깨를 뿌린다.

식초를 더해서 만드는 전통 장소스

식초 음식의 기본이자 꽃은 간장, 된장, 고추장 등의 전통 장(醬)에 식초를 넣어 만든 초간장, 초고추장, 초된장이다. 이 3가지 전통 장소스는 전, 만두, 쌈 등에 곁들여져 맛을 돋우는 역할을 하지만 찬을 손쉽게 만드는 양념 소스로도 사용되어 다양한 초무침 음식이 만들어진다. 우리의 간장, 된장, 고추장의 3가지 장에 겨자를 포함해 4가지 장으로 만든 양념과 소스를 소개한다. 〈정조지〉에 소개된 음식 중 많은 음식이 간장과 식초 또는 겨자와 식초의 조합으로 만든 음식이다. 우리의 전통 장에는 메줏가루가 사용되기 때문에 특유의 냄새와 텁텁한 맛이 있는데 식초를 넣으면 이 문제점들이 해결된다. 창국과 수란채, 초계탕 등 장물이나 고깃국물에 식초를 넣는 조리법도 간장에 식초를 넣은 초간장에서 비롯된 것은 아닐까 생각한다. 《조선셰프 서유구의 식초 이야기》에 실려 있는 다양한 식초를 활용하여 생강 초간장, 산수유 초고추장, 후추 초겨자장을 음식에 맞추어 곁들이면 한식의 격이 올라갈 뿐 아니라 신맛을 선호하는 전 세계인에게 우리 장의 우수성을 효과적으로 알릴 수 있는 방법의 하나라고 생각한다.

감칠맛 나는 초간장은 좋은 식초와 함께 좋은 간장이 필수다. 지금 초간장의 위세가 예전만 못한 것도 전통 장의 쇠락과 무관하지 않다. 〈정조지〉 미료지류 장(醬) 편에는 콩뿐 아니라 보리, 팥 등으로 만든 다양한 장이 등장하여 누구나 "그 맛은 어떨까?"라는 궁금증을 갖게 한다. 장 연구가 고광자 선생이 50여 가지 〈정조지〉의 장을 전통방식 그대로 복원하였고 메주의 재료에 따라서 달라지는 다양한 풍미의 장을 맛볼 수 있게 되었다. 콩보다 깔끔한 맛이 돋보이는 팥장, 복합적인 향미가 나는 어장처럼 복원된 다양한 간장이 있어 초간장 하나로도 우리 한식의 품격을 올릴 수 있는 기반이 만들어지고 있다. 〈정조지〉 미료지류 속의 장은 앞으로 출간될 《조선셰프 서유구의 장 이야기》를 통해서 만날 수 있다.

초간장

어른들은 웃어른이 드시는 음식을 만들 때 “간은 좀 심심하게 해라~ 간은 상에 오르는 간장으로 맞추면 된다.”거나 상을 차릴 때는 “아이고! 초간장을 빠뜨렸네.”라고 놀라며 초간장 종지를 올렸다. 밥을 먹기 전 수저로 간장을 찍어 먹었는데 짠맛과 감칠맛이 있는 간장의 맛이 식욕을 돋우는 애피타이저 역할을 하므로 ‘입맛을 다신다’고 하였다. 이는 식사의 시작을 알리는 역할도 하였다. 집안의 연장자가 먼저 간장을 찍어 먹으면 다음 연장자가 간장을 찍어 먹는데 간장을 찍어 먹지 않는 사람은 수저를 들지 못하고 그 모습을 지켜보았다. 입맛을 다시는 일은 엄숙한 종교의식과도 같아서 상에 둘러앉은 사람들은 기침 소리조차 낼 수 없었다. ‘간장을 찍어 먹는 것’은 입맛을 올리는 목적도 있지만, 농부와 밥상을 차린 사람의 수고에 대한 감사이자 이 식사를 얼마나 소중하게 생각하고 먹는지를 보여 주며 이 상의 주인공이 누구인지도 깨닫게 하는 의식이기도 하였다. 간장으로 입맛을 돋운 뒤 국 맛을 보고 입맛에 맞춰 간장으로 간을 더하는 것으로 본격적인 식사가 시작되면 간장의 텁텁함을 줄인 초간장이 밥상을 장악한다. 초간장은 전이나 산적의 느끼함을 줄여 주고 싱거운 김치의 간을 더하고 매운맛도 줄여 주며 종횡무진 활약을 한다. 식초 몇 방울이 부리는 마술은 초간장으로부터 비롯되었다.

초간장소스

초간장을 곁들이는 대표적인 음식인 만두와 전, 부침개를 먹을 때 초간장이 맛이 있으면 더 먹게 된다. 초간장을 업신여기고 이미 음식을 먹기 시작할 때 부랴부랴 만들었다가 정성을 들여서 만든 음식의 맛을 크게 훼손시킨 아픈 경험과 음식의 맛은 별로였는데 맛있는 초간장으로 그 허물이 덮였던 기억이 있을 것이다. 초간장은 만두나 전 옆의 곁다리 음식이 아니라 음식의 맛을 이끌어 내고 단점은 감춰 주는 훌륭한 리더와 같은 음식이다. 초간장은 간장과 식초를 기본으로 약간의 단맛이나 매운맛이 추가되면서 음식에 맞춰 다양하게 만들어 낼 수 있다. 어떤 간장과 식초를 사용하느냐에 따라 초간장의 맛은 크게 달라진다. 요즘엔 식초로 만든 장아찌 국물에 파, 양파, 고춧가루 등의 양념을 더하는 것으로도 맛있는 초간장을 쉽게 만들 수 있다.

재료 간장 2T, 집간장 1/4T, 식초 3T, 맛술 1/4T, 매실청 1T, 생강즙 1/3T, 물 1T, 쪽파 다진 것 1T

간장과 집간장을 섞은 후 매실청을 넣고 잘 녹인 다음 식초와 생강즙, 맛술을 넣고 섞은 뒤에 쪽파 다진 것을 넣는다.

목이버섯초간장무침

재료 흰 목이버섯 150g, 초간장 2T

목이버섯을 물에 불린 다음 초간장을 넣고 조물거려서 무친다.

초간장감자조림

재료 조림용 감자 400g, 초간장 6T, 참기름 1T

조림용 감자를 껍질을 벗긴 다음 삶다가 초간장을 넣고 조린 후 참기름을 넣고 마무리한다.

초고추장

긴 세월을 함께한 초간장의 자리를 초고추장이 차지하기 시작하였다. 초고추장은 '윤집'이라고도 하는데, 고추장에 식초를 탄 것을 이렇게 부르기도 하였다. 식욕을 돋우는 빨간색에 식초가 더해져 용암 같은 역동성까지 더해진 초고추장은 보는 것만으로도 힘이 난다. 초고추장은 초간장처럼 음식의 곁들이로도 쓰이지만 주재료 속으로 거침없이 들어가 음식의 맛을 장악한다. 초고추장의 매력을 가장 잘 살린 음식이 회덮밥이다. 생선회와 식초, 채소와 식초, 흰밥과 식초가 각각으로도 좋지만 이 세 개의 요소가 절묘하게 합해진 회덮밥은 매콤하면서 가볍고 산뜻하면서도 부드러워 누구의 입맛이든 끌어당긴다. 고추장은 날로 먹을 수 있어 발효 과정에서 생성된 유익균을 효과적으로 섭취하게 되어 건강에 좋지만 매워서 많이 먹을 수 없고 초고추장이 식재 본연의 맛을 덮기도 하므로 입맛과 식재에 따라서 고추장의 양과 맵기를 조절하여 초고추장을 만들어야 한다. 깔끔한 성정을 가진 식초가 화끈한 성정의 고추장과 만난 것이 초고추장이다.

초고추장소스

맛있는 초고추장은 맛있는 음식으로 직결되기 때문에 초고추장을 만드는 황금 비율, 황금 비법이 많이 나와 있다. 하지만 음식에 절대적인 맛이란 없기 때문에 내 입맛에 맞는 초고추장, 우리 가족에게 맞는 초고추장이 무엇보다 우선시되어야 한다. 초간장과 마찬가지로 맛있는 고추장과 식초가 초고추장의 맛을 좌우한다. 맛의 활력을 더하기 위해서 소주를 넣거나 들깻가루나 통 들깨를 뿌린 초고추장은 육류의 냄새를 감추는 데 아주 효과적이어서 멧돼지 등 야생육을 조리한 뒤 곁들여서 먹으면 맛에 큰 변화를 준다. 들깨는 초고추장의 강한 맛을 중화시킬 뿐 아니라 오메가3 지방산이 풍부하여 영양학적으로도 우수하므로 초고추장에 넣는 것을 적극 추천한다. 초고추장에 넣는 식초는 상큼한 맛이 살아 있는 과일 식초가 가장 잘 어울리고 막걸리나 술지게미를 활용한 식초 그리고 곡물로 빚은 식초도 괜찮다.

재료 고추장 2T, 식초 3T, 청하 1T, 다진 마늘 1t, 꿀 1T, 설탕 3t, 매실청 2T, 간장 1t, 곱게 다진 파 1T, 후추, 깨소금

고추장에 식초, 청하, 파, 다진 마늘, 후추, 꿀, 매실청, 간장, 깨소금을 넣고 잘 섞는다. 단맛이 부족하면 설탕을 넣고 매운맛이 부족하면 고운 고춧가루를 넣는다.

소양무침

재료 손질한 소의 양 200g, 들깻가루 3T, 참기름 2T, 고춧가루를 넣은 초고추장 5T, 부추 한 줌, 대파 1/2대, 양파 1/2개

깨끗이 손질한 소의 양을 끓는 물에 데친 다음 결의 반대 방향으로 썰어서 초고추장 소스, 참기름과 들깻가루를 넣고 무친 다음 부추와 대파, 양파를 넣고 잘 섞는다.

새송이버섯구이

재료 새송이버섯 5개, 초고추장 2.5T, 통깨 조금, 실파 조금

새송이버섯을 길이로 썬 다음 팬에 기름을 조금 두르고 구운 뒤 접시에 담고 초고추장을 골고루 바른 후 통깨와 잘게 자른 실파를 얹는다.

초된장

초간장, 초고추장은 식탁에 자주 오르지만 초된장은 조금 덜 익숙하다. 된장과 고추장을 섞은 쌈장이 있지만, 쌈장에는 보통 식초를 넣지 않는다. 된장을 넣고 나물을 무치기는 하지만 역시 식초를 넣지는 않는다. 고추장, 간장, 된장 중에서 입맛에 맞기가 어려운 장이 된장이다. 된장은 집집마다 맛과 냄새의 편차가 심하여 입맛에 맞는 된장은 여간해서 만나기가 어렵다. 직접 담가도 보지만 원하는 맛이 아니라며 고개를 절레절레 흔든다. 내 입맛에 딱 맞지 않는 된장이라도 식초를 넣어 초된장을 만들면 텁텁하고 쓴맛이 느껴지는 된장의 문제점이 해결된다. 초된장에 들어가는 마늘이나 참기름은 된장의 풍미를 올려 주기만 할 뿐 맛의 틀을 바꾸지는 못하지만, 식초가 이를 가뿐하게 처리한다. 식초가 들어간 된장은 토속적인 맛과 세련된 도시의 맛을 함께 갖추었다. 물론, 어떤 된장을 사용했는지에 따라 다른 느낌을 준다. 초된장은 나물, 소스 등 어떤 식재료와도 잘 어울리지만 초간장, 초고추장에 비해 육류와 어류의 연육 작용과 소화를 잘 시키므로 돼지불고기의 양념으로 좋고 좀 더 묽게 하여 고기나 회와 함께 먹으면 환상적이다. 초된장은 특히 톳, 미역 같은 해조류와 잘 어울린다.

초된장소스

된장에 식초를 넣은 초된장소스는 우리보다는 일본이 발달하였다. 초된장에 레몬식초, 쌀 식초, 겨자를 넣은 겨자초된장소스는 제철 채소와 해산물 무침으로 먹고 볶은 참깨나 와사비를 넣은 초된장소스는 튀김과 두부, 각종 채소 볶음, 과일에 곁들여 먹기도 한다. 된장은 생각보다 어떤 음식과도 잘 어울리고 무엇보다 소화를 도와서 속을 편안하게 한다. 된장에 식초를 넣으면 쿰쿰한 된장 냄새가 제거된다. 초된장에 사용되는 식초는 레몬, 유자, 귤, 한라봉 등 감귤류가 좋다. 향신 양념으로는 생강과 후추, 와사비, 천초, 겨자, 고추 등이 어울리며 파슬리와 타라곤, 차이브, 타임 등의 허브와 다진 잣, 볶아서 간 참깨, 다진 녹찻잎 등도 초된장과 잘 어울린다. 얌전한 초간장, 화끈한 초고추장도 좋지만 타고난 친화력과 공감 능력으로 앞으로 크게 성공할 가능성이 있는 초된장을 눈여겨보기를 바란다.

재료 된장 3T, 고추장 1T, 설탕 1.5T, 식초 1.5T, 다진 마늘 20g, 소주 2t, 매실청 2t, 생강 2g, 후추 2g

설탕에 매실청을 넣고 잘 녹인 다음 식초와 다진 마늘, 생강을 넣고 잘 섞는다. 된장에 식초 양념을 넣고 잘 섞은 다음 고추장과 소주를 넣은 뒤 후추를 넣고 섞어 마무리한다.

초된장쭈꾸미무침

재료 쭈꾸미 500g, 초된장 2T

데친 쭈꾸미는 보통 초고추장에 무쳐서 즐겨 먹는다. 생선회처럼 데친 쭈꾸미도 초된장에 잘 어울린다.

바질초된장

재료 된장 150g, 바질 20g, 페페론치노 10g, 크림 2T, 식초 2.5T, 화이트 와인 1T, 후추 1t, 마늘

바질, 마늘, 페페론치노, 후추, 크림, 식초, 화이트 와인을 넣은 바질초된장을 파스타 소스에 넣으면 뜻밖의 맛을 즐길 수 있다.

초된장톳무침

톳을 데쳐서 초된장에 두부와 함께 무쳐 먹으면 맛도 맛이지만 영양 면에서 아주 우수하다. 특히 해조류에 부족한 단백질을 두부와 된장이 보충한다. 톳이 약간 뻣뻣하여 소화가 되지 않는 것을 초된장이 해결하기 때문에 초된장톳무침은 자주 먹기를 권장한다.

재료 톳 300g, 초된장 4T, 으깬 두부 200g, 소금 한 꼬집, 청고추 1개, 홍고추 1개, 쪽파 3대, 깨소금 1T, 참기름 2T

톳은 이물질을 제거하여 끓는 물에 살짝 데쳐서 찬물에 헹구어 물기를 빼 두고 물기를 뺀 두부, 초된장으로 조물거려 무친 다음 곱게 썬 청고추와 홍고추, 쪽파를 넣는다. 참기름과 깨소금으로 마무리한다. 간이 부족하면 소금을 넣는다.

톳

톳은 모양이 사슴 꼬리를 닮아서 '녹미채'라고도 불리는데 우리나라 모든 해안 지역에서 생산된다. 기근이 들면 구황식품으로도 먹었다. 톳은 각종 미네랄과 특수 영양소가 다른 해조류에 비해 많이 함유되어 있어 그 효능 또한 탁월하다. 옛날에는 밥을 지을 때 톳을 넣어 톳밥을 지어 먹기도 했다. 일본에서는 매년

9월 15일을 톳의 날로 정해서 섭취를 권장하고 학교급식에 주 2~3회씩 제공하는 것이 의무일 정도다. 톳은 칼로리가 100g당 24kcal으로 낮고 식이 섬유와 알긴산이 풍부하여 다이어트에 최적화된 식품이다. 또한, 톳에는 여성 호르몬인 에스트로겐(Estrogen)이 풍부하여 갱년기 여성에게 좋다. 또 칼슘, 아연, 요오드, 철 등 각종 미네랄이 풍부한데 철분은 시금치나 우유보다 더 많이 함유하고 있으며 칼슘은 다시마와 우유보다 훨씬 더 많아 가히 '기적의 식품'이라고 할 수 있다. 또한, 톳에는 아연이 풍부하게 포함되어 있어 탈모 방지에 좋으며 암세포가 스스로 죽도록 하는 후코이단이 있고 요오드 성분도 풍부하다. 톳에 풍부한 미네랄은 콜레스테롤 수치를 낮추어 혈액 건강을 돕는다. 톳은 생산지에 따라서 영양에 많은 차이가 있는데 갯벌이 있는 바다에서 채취한 것이 영양 성분이 가장 많다.

《조선셰프 서유구의 식초 음식 이야기》를 쓰기 위해 음식을 복원하거나 재현하는 과정에서 다른 나라의 식초 음식을 비롯한 200여 개의 식초 음식을 만들었다. 《조선셰프 서유구의 식초 음식 이야기》에는 〈정조지〉를 중심으로 다른 고조리서에 나오거나 전통적으로 먹었던 식초 음식 65개를 발췌하여 실었다.

생각보다 다양한 우리 식초 음식과 다른 나라의 신맛 음식을 복원하면서 서로 공통점이 많다는 것을 느꼈다. 그전에는 독특하고 이국적이었던 다른 나라의 식초 음식이 과거에 우리가 먹었던 식초 음식에 담겨 있기도 하여 나중에는 우리 음식인지 다른 나라의 음식인지 헛갈리기도 하였다. 예를 들면 카스피해 지역에서 예로부터 지금까지 널리 먹고 있는 가지초절임은 〈정조지〉의 산가(蒜茄)와 흡사하였고 이란의 고기를 식초에 절인 다음 기름을 넣어 굽는 방식은 〈정조지〉의 우육과제와 비슷하고 곡물 속에 발효한 채소를 식초와 간장을 넣어 볶는 중국의 채소볶음은 〈정조지〉와 《증보산림경제》에 나오는 숭채에서 그 유사성을 찾을 수 있다. 우리 식초 음식과 여러 나라의 식초 음식을 복원하면서 예전에 크게 인기를 끌었던 음식 다큐의 제목을 왜 '요리인류'라고 하였는지 공감이 갔다.

식초 음식을 복원하고 나서 '식초'를 '간소·간결한 양념'이라고 정의한다. 혼자서는 긴 말이 필요 없이 날카로운 맛으로 짤막하게 자신의 존재를 표현하는 간소·간결한 양념이지만 음식의 맛을 세련되게 해주기 때문이다. 세련된 맛은 간소·간결함을 바탕으로 한다. 200여 개의 식초 음식을 만들면서 우리만의 독창적인 식초 음식인 '창국'이 국적을 막론하고 건강과 맛을 추구하는 현대인의 일상식으로 자리잡을 수 있는 가능성을 보았다. 창국은 본래의 모습으로도 가치가 있지만 오미자식초, 산사 식초, 산수유 식초, 들쭉 식초, 딸기 식초 등 식초를 더하면 가치를 올릴 수 있는 식초 음식이다. 또 창국에 국수를 넣으면 한끼의 건강한 식사로도 손색이 없다. 식초는 들어가지 않지만 식초로 신맛을 조절할 수 있는 동치미와 물김치도 식초 음식을 좋아하면 누구나 좋아할 음식이라는 확신도 들었다. 김치를 즐기는 외국인이 점점 늘고 있는 것도 김치가 베트남 쌀국수처럼 신맛과 매운맛, 짠맛, 감칠맛, 은은한 단맛이 조화를 이룬 음식이기 때문이다. 또한 〈정조지〉의 과면처럼 오미자로 신맛을 더하는 식초 음식도 오미자 대신 다양한 과일이 들어간 식초를 활용하여 맛과 향, 색을 조절하면 전통에 뿌리를 둔 식초 음식 하나를 더 식탁에 올리는 의미 있는 일이 될 것 같다.

식초 음식을 만들 때마다 "글쎄… 식초를 넣는 것이 괜찮을까요?" 라는 주변의 의혹이 가득 담긴 질문과 눈빛에 식초를 넣던 손이 위축되곤 하였다. "먹어 봐요!" 라고 짧게 응수를 하지만 스멀스멀 올라오는 불안감은 어찌할 수가 없었다. 식초를 넣은 음식에 대한 불안감을 호소하던 사람도 케첩과 마요네즈 그리고 겨자드레싱을 넣은 냉채, 식초가 들어간 소스로 만든 샐러드는 좋아한다. 케첩과 마요네즈는 너무나 익숙한 맛이라 식초가 들어갔다는 인식조차 없다. 국에 식초를 넣었다고 하면 이상한 맛이 날 것 같다고 펄쩍 뛰지만 시큼한 베트남 쌀국수는 제일 좋아하는 음식 중의 하나다. 결국, 다른 나라의 식초가 들어간 음식에 대해서는 거부감이 없지만 유달리 식초가 들어간 우리 음식에 대해서는 호의적이지 못하다. 식초가 어쩌다 음식에 넣으면 안심할 수 없는, 맛을 해치는 불안한 조미료가 되었는지 답답할 뿐이다.

우리가 자주 하는 말 중에 '초 치다', '초를 친다' 라는 말이 있다. 일이 한창 잘되고 있거나 잘 되려는 일에 방해를 놓아서 일이 잘못되거나 시들해진 경우를 말하는데 이 의미가 식초를 정해진 음식 이외의 음식이나 식초 음식에 식초를 과하게 넣어 음식이 잘못되거나 먹을 수 없는 음식이 된다 라는 인식을 심어 준 것도 음식에 식초 넣는 것을 꺼리게 된 원인으로 작용한 것 같다. '초 치다'의 초가 정확히 식초를 뜻하므로 식초를 넣어서는 안 되는 음식에 초를 넣었거나 지나치게 많이 넣어 음식의 맛을 버려서 곤란을 겪었던 사람들의 이야기가 만든 말인 것 같다. 다행스럽게도 복원 결과를 같이 공유하던 젊은이가 식초 음식의 가치를 알아주는 것이 식초 음식을 만드는 나에게 힘이 되곤 하였다.

음식의 간이 맞으면 나음은 신맛에 집중하라! 신맛이 음식의 맛을 마무리한다! 등 세계 음식계는 신맛을 음식에 잘 담아내는 것에 골몰하고 있지만 우리는 신맛에 관심이 없다. 다른 나라의 셰프들이 우리의 김치에 식초를 더해서 햄버거에 넣고 비빔밥에 넣는 것을 그저 지켜만 보고 있어야 할까? 전통김치의 맛과 함께 식초를 넣은 김치를 새로운 대안으로 제시해야 한다는 생각도 《조선셰프 서유구의 식초 음식 이야기》를 쓰면서 들었다.

지금은 매운맛과 단맛이 유행이다. 지나친 매운맛으로는 음식의 맛을 느낄 수 없다. 음료나 후식은 지나치게 단맛을 추구한다. 한 가지 맛이 지나치게 강조된 음식은 건강을 해칠 뿐 아니라 인성에도 좋지 못한 영향을 끼치기에 신맛 음식이 유행을 해서도 안 된다.

봄의 생명력, 초하의 싱그러움, 한여름의 뜨거움, 초가을의 따스함, 가을의 서늘함을 품은 조미료 식초로 음식에 새로운 이야기가 입혀지고 그동안 잊었던 이야기나 못 나눈 이야기를 나누었으면 하는 바람이다. 이 이야기를 나누는데 《조선셰프 서유구의 식초 음식 이야기》가 하나의 계기나 이야깃거리가 되었으면 하는 바람이다.

참고 문헌 및 검색사이트

원문 자료

徐有榘, 《林園經濟志》〈鼎俎志〉

憑虛閣 李氏, 《閨閤叢書》, 한국정신문화연구원, 2001

논저

《임원경제지(林園經濟志)》〈정조지(鼎俎志)〉 1~4권, 서유구 지음, 임원경제연구소 번역, 풍석문화재단, 2020

빙허각 이씨 원저, 정양완 역주, 《규합총서(閨閤叢書)》, 보진재, 2008

《조선요리법》, 조자호 지음, 정양완 엮음, 책미래, 2014

《조선무쌍신식요리제법》, 이용기, 라이스트리, 2019

《다시 보고 배우는 산가요록》, 한복려 엮음, 궁중음식연구원, 2011

《음식디미방》, 경북대학교 출판부 엮음, 경북대학교 출판부, 2003

《증보산림경제》, 유중림, 지구문화사, 2005

《수운잡방》, 김유 지음, 윤숙자 엮음, 백산출판사, 2020

《제민요술 역주》 1~5, 가사협 지음, 최덕경 옮김, 세창출판사, 2018

《조선요리제법》, 방신영 지음, 윤숙자 엮음, 백산출판사. 2020

검색사이트

Google (구글) http://www.google.com

DAUM(다음) http://www.daum.net/

NAVER(네이버) http://www.nave.com

유튜브 www.youtube.com

네이버 지식백과 정조지 terms.naver.com

고전용어 시소러스 (한국고전번역원)

고려대 해외한국학자료센터 http://kostma.korea.ac.kr/

조선셰프 서유구의

식초 음식 이야기

지은 이　풍석문화재단우석대학교음식연구소
대표집필 곽미경
임원경제지 서유구 편찬 / 임원경제연구소(정정기) 번역
사진 진선미, 곽미경

펴낸 이　신정수

펴낸 곳　풍석문화재단
진행 박시현, 박소해
디자인 아트퍼블리케이션 디자인 고흐
제작 상지사피앤비
전화 (02) 6959-9921　E-MAIL pungseok@naver.com
펴낸 날　초판 1쇄 2021년 10월 1일
협찬　주식회사 오뚜기

ISBN　979-11-89801-48-9

조선셰프 서유구의 식초 음식 이야기 (임원경제지 전통음식 복원 및 현대화 시리즈 8)

ⓒ 풍석문화재단우석대학교음식연구소
이 책의 출판전송권은 **풍석문화재단우석대학교음식연구소**와의 계약에 따라 **재단법인 풍석문화재단**에 있습니다.
저작권법에 의해 보호를 받는 저작물이므로 무단 전재와 복제를 금합니다.

이 책은 문화체육관광부의 “풍석학술진흥연구사업”의 보조금으로
음식복원, 저술, 사진촬영, 원문번역, 간행 등이 이루어졌습니다.